A reflexão e a prática no Ensino Médio

4

Educação Física cultural

Blucher

A reflexão e a prática no Ensino Médio

4

Educação Física cultural

Márcio Rogério de Oliveira Cano
coordenador da coleção

Marcos Garcia Neira
autor

Camila dos Anjos Aguiar

Carolina Chagas Kondratiuk

Cyro Irany Chaim Júnior

Ivan Luis dos Santos

Lilian Cristina Gramorelli

Luiza Moreira da Costa

Marília Menezes Nascimento Souza Carvalho

Mário Luiz Ferrari Nunes

coautores

Coleção A reflexão e a prática no Ensino Médio – volume 4 – Educação Física cultural

©2016 Márcio Rogério de Oliveira Cano (coord.), Marcos Garcia Neira, Camila dos Anjos Aguiar, Carolina Chagas Kondratiuk, Cyro Irany Chaim Júnior, Ivan Luis dos Santos, Lilian Cristina Gramorelli, Luiza Moreira da Costa, Marília Menezes Nascimento Souza Carvalho, Mário Luiz Ferrari Nunes

Editora Edgard Blücher Ltda.

Blucher

Rua Pedroso Alvarenga, 1245, 4º andar
04531-012 – São Paulo – SP – Brasil
Tel.: 55 11 3078-5366
contato@blucher.com.br

www.blucher.com.br

Segundo o Novo Acordo Ortográfico, conforme 5. ed. do *Vocabulário Ortográfico da Língua Portuguesa*, Academia Brasileira de Letras, março de 2009.

É proibida a reprodução total ou parcial por quaisquer meios, sem autorização escrita da Editora.

Todos os direitos reservados pela Editora Edgard Blücher Ltda.

Ficha catalográfica

Educação Física cultural / Marcos Garcia Neira [et al.]; — São Paulo: Blucher, 2016. 184 p. (Coleção A reflexão e a prática no Ensino Médio, v. 4 / Márcio Rogério de Oliveira Cano, coord.)

Bibliografia

ISBN 978-85-212-1043-6

1. Educação física – Estudo e ensino 2. Educação física – Aspectos culturais I. Neira, Marcos Garcia II. Cano, Márcio Rogério de Oliveira III. Série

16-0204   CDD 613.7

Índices para catálogo sistemático:
1. Educação física

Coordenação e autores

COORDENADOR DA COLEÇÃO

MARCIO ROGÉRIO DE OLIVEIRA CANO

Professor do curso de Letras do Departamento de Ciências Humanas da Universidade Federal de Lavras, mestre e doutor pelo Programa de Estudos Pós-Graduados em Língua Portuguesa da Pontifícia Universidade Católica de São Paulo. Desenvolve pesquisas na área de Ensino de Língua Portuguesa e Análise do Discurso. Possui publicações e trabalhos apresentados na área, além de vasta experiência nos mais variados níveis de ensino. Também atua na formação de professores de Língua Portuguesa e de Leitura e produção de textos nas diversas áreas do conhecimento.

AUTOR

MARCOS GARCIA NEIRA

Licenciado em Educação e Pedagogia, mestre e doutor em Educação, pós-doutor em Educação Física e Currículo e livre-docente em Metodologia do Ensino de Educação Física. É professor titular da Faculdade de Educação da USP (FEUSP), bolsista de produtividade em pesquisa do CNPq e coordenador do Grupo de Pesquisas em Educação Física escolar da FEUSP (www.gpef.fe.usp.br).

COAUTORES

CAMILA DOS ANJOS AGUIAR

Licenciada em Educação Física e mestre em Educação pela Faculdade de Educação da USP (FEUSP). Professora de Educação Física da Prefeitura Municipal de São Paulo, atua como formadora pela Divisão de Orientação Técnico-Pedagógica da Diretoria Regional de Educação Ipiranga. Membro do Grupo de Pesquisas em Educação Física escolar da FEUSP.

CAROLINA CHAGAS KONDRATIUK

Pedagoga e mestre em Educação pela Universidade de São Paulo. Coautora do livro Memórias de Cibele: caminhos trilhados, experiências corporais e identidade docente, pela Editora Phorte. Foi professora de Educação Infantil e dos primeiros anos do Ensino Fundamental, além de formadora de professores do Centro de Estudos da Escola da Vila e do Prosa, espaço de formação continuada do Colégio Santo Américo. Atualmente, é coordenadora pedagógica da Educação Infantil no Colégio Santo Américo.

CYRO IRANY CHAIM JÚNIOR

Mestre em Educação pela Faculdade de Educação da Universidade de São Paulo (FEUSP) e licenciado em Educação Física. Professor de Educação Física da Saint Nicholas School/IB World School e membro do Grupo de Pesquisas em Educação Física escolar da FEUSP.

COAUTORES

IVAN LUIS DOS SANTOS

Licenciado em Educação Física e mestre em Ciências da Motricidade. Atualmente, realiza doutorado em Educação na Faculdade de Educação da USP (FEUSP). É professor do Instituto Federal de São Paulo e membro do Grupo de Pesquisas em Educação Física escolar da FEUSP.

LILIAN CRISTINA GRAMORELLI

Doutora e mestre em Educação pela Faculdade de Educação da Universidade de São Paulo (FEUSP). Licenciada em Pedagogia e Educação Física. Docente no Ensino Superior e em cursos de formação continuada de professores em diversas redes públicas de ensino. Coordenadora pedagógica da rede privada de ensino e membro do Grupo de Pesquisa em Educação Física escolar da FEUSP.

LUIZA MOREIRA DA COSTA

Licenciada em Pedagogia e mestre em Educação pela Faculdade de Educação da USP (FEUSP). Atualmente é professora de Ensino Fundamental I na Escola da Vila.

MARÍLIA MENEZES NASCIMENTO SOUZA CARVALHO

Licenciada em Educação Física pela Universidade Federal de Sergipe (UFS). Especialista em Educação Física para a Educação Básica pela UFS. Mestre em Educação pela Faculdade de Educação da Universidade de São Paulo (FEUSP). Atualmente, é professora de Educação Física no Colégio de Aplicação da UFS e membro dos Grupos de Pesquisa em Práticas Educativas e Aprendizagem na Educação Básica da UFS e em Educação Física escolar da FEUSP.

MÁRIO LUIZ FERRARI NUNES

Doutor e mestre em Educação pela Faculdade de Educação da USP (FEUSP) e licenciado em Educação Física. Desenvolve pesquisas sob o enfoque dos Estudos Culturais e foucaultianos a respeito da inter-relação currículo, identidade e práticas corporais. É professor no Departamento de Educação Física e Humanidades da Unicamp e membro do grupo de pesquisas Corpo e Educação – FEF/Unicamp. Coordena o Grupo de Pesquisas em Educação Física escolar da FEUSP.

Apresentação da coleção

A sociedade em que vivemos hoje é um espaço dos lugares virtuais, do dinamismo, da diversidade, mas também do consumo, da compra da felicidade e do seu envelhecimento para ser trocada por outra. Formar o sujeito em dias como esses é nos colocarmos no lugar do risco, da complexidade e do vazio que vem a ser preenchido pelos vários sentidos que esse sujeito existente produz nos espaços em que circula, mas que não são fixos. A escola é hoje um desses espaços. Em outras épocas, em lógicas anteriores, ensinar o conteúdo em detrimento da falta de conteúdo bastava; a escolha era entre aprovar e reprovar, entre a verdade e a mentira. Agora, o trabalho dessa mesma escola (ou de outra escola) é produzir o desenvolvimento desse sujeito no cruzamento de suas necessidades individuais com as do coletivo, do seu modo de aprendizagem com o modo coletivo, do local harmonizado com o global. Isso faz do ensino um trabalho árduo para contemplar essas adversidades e poder desenvolver um trabalho competente a partir delas.

Se a sociedade e a escola estão nessas dimensões, ao pensarmos em uma modalidade específica como o Ensino Médio, temos um exemplo em maior potencial de um lugar esvaziado pela história e pelas políticas educacionais. Qual a função do ensino médio em meio ao ensino fundamental e à graduação, em meio à infância, à pré-adolescência e à fase adulta? O objetivo centra-se na formação para o trabalho, para o mundo do trabalho, para os processos seletivos de entrada em universidades, para uma formação humanística ou apenas uma retomada com maior complexidade do ensino fundamental?

Em meio a esses questionamentos, surgiu o projeto dessa coleção, voltado especificamente para pensar metodologias pedagógicas para as diversas áreas que compõem o ensino médio. A questão central que se colocava para nós no início não era responder essas perguntas, mas sistematizar uma proposta, nas diversas áreas, que pudesse, ao seu término, produzir um discurso que preenchesse o espaço esvaziado dessa modalidade de ensino e que, de certa forma, se mostrasse como emblemático da discussão, propiciando outros questionamentos a partir de um lugar já constituído.

Por isso, nesta coleção, o professor que já atua em sala e o professor em formação inicial poderão ter contato com um material produzido a partir das pesquisas e reflexões de vários professores e pesquisadores de diversas instituições de pesquisa e ensino do Brasil, que se destacaram nos últimos anos por suas contribuições no avanço da educação.

Aqui, a proposta contempla não formas e receitas para se trabalhar conteúdos, mas metodologias e encaminhamentos pedagógicos que possam contribuir com a reflexão do professor acerca do seu trabalho local em relação ao coletivo, bem como os objetivos de aprendizagens nas diversas instituições que formam professores.

Nossos pilares para a construção desse material foram definidos a partir das pesquisas já desenvolvidas, focando, primeiro, a noção de formação de um sujeito transdisciplinar/interdisciplinar, pois concordamos que o foco do ensino não deve ser desenvolver este ou aquele conteúdo, mas este e aqueles sujeitos. Por isso, entendemos que o ensino passou de um paradigma centrado no conteúdo para outro focado no ensino e, agora, o é na aprendizagem. Por isso, tendo como centro o sujeito e a sua aprendizagem, as propostas são construídas de forma a servirem de ponto de partida para a ação pedagógica e não como roteiro fixo de aprendizagem, pois, se as aprendizagens são diferentes, todos os trabalhos precisam ser adaptados às suas realidades.

Essa ação pedagógica procura primar pelo eixo experiência-reflexão. Amparada pela história e por um ensino tradicional, a escola ainda reproduz um modelo puramente intelectivo sem, no entanto, oportunizar a experiência, fazendo a reflexão sobre o que não se viveu. O caminho que propomos aqui leva ao inverso: propor a experiência para os alunos e depois fazer a reflexão, seguindo o próprio caminho que faz com que a vida nos ensine. Vivemos as experiências no mundo e aprendemos com ela. À escola, cabe sistematizar essa reflexão sem nunca negar a experiência.

Se o sujeito e suas experiências são centrais, a diversidade dos sentidos apresentará um modelo bastante complexo de discussão, sistematização e encaminhamento pedagógico. A diversidade contempla as diferentes histórias, de diferentes lugares, de diferentes etnias, gêneros, crenças etc., mas só com ela presente em sala de aula podemos fazer com que esse sujeito veja sentido naquilo que aprende e possa construir um caminho para a vida a partir de sua diversidade.

Assim, pensamos, enfim, em contribuir com o Ensino Médio como um lugar cuja maturidade possibilite a ligação entre uma experiência de vida que se abre para o mundo, uma experiência local, familiar, muitas vezes protegida, que se abre para um mundo de uma ação de trabalho coletiva, democrática, centrada no outro, das adversidades das escolhas universitárias (ou não), de outros caminhos possíveis, de um mundo de trabalho ainda opressor, mas que pode ser emancipador. E, nesse espaço, queremos refletir sobre uma possibilidade de função para o Ensino Médio.

Agradecemos a escolha e convidamos todos a refletir sobre esse mundo conosco.

Márcio Rogério de Oliveira Cano

Coordenador da coleção

Uma alternativa para a
frustração de atuar no Ensino Médio

Professor, dá a bola que já vamos começando sozinhos!

Esta foi a primeira frase que ouvi de um aluno do Ensino Médio em minha aula de estreia nesse segmento. Já faz algum tempo, na época em que ainda chamava segundo grau. A chave da sala dos materiais de Educação Física permanecia em meu bolso, enquanto eu tentava fazer aquilo que me haviam ensinado na universidade: sentar em roda, explicar os objetivos do trabalho e dar início às atividades planejadas.

Eu era quase tão jovem quanto os estudantes. Talvez por isso tenham me ignorado por completo. Tampouco nada havia feito para merecer a atenção deles. Não me conheciam, era novo na escola, eles nada sabiam de mim e eu nada sabia deles, a não ser o que explicavam as teorias psicológicas do desenvolvimento. Tinha lido que nessa faixa etária os seres humanos são capazes de realizar movimentos da fase motora especializada, pensar de forma abstrata e agir com autonomia. Sabia uma série de atividades que, caso fossem adequadamente empregadas, proporcionariam o aprimoramento da gestualidade técnica do vôlei, do basquete, do handebol, do futebol e do que, até então, se chamava ginástica olímpica. Logo percebi que a coisa não seria tão fácil. Desconhecia uma forma de fazer o grupo se interessar por aquilo que eu tinha a ensinar.

Era fato que os alunos não estavam nem aí com a minha presença. Os rapazes pareciam mais preocupados em empurrar uns aos outros e as garotas, quase todas sentadas, não tiravam os fones de seus *walkmans* dos ouvidos. Isso mesmo, *walkman*, um trambolho se comparado aos *smartphones* de hoje. Uma caixa metálica de 20 cm de comprimento onde se inseria uma fita cassete que, de vez em quando, enrolava e dava um trabalhão para desembaraçar.

Fui vencido pela insistência: abri a sala e deixei que pegassem a bola. Mas ainda restava um fio de esperança. Lá no fundo, acreditava que talvez pudesse obter alguma atenção em troca. Quem sabe se eles vissem que o professor novo era um cara legal, que deixava jogar, talvez me permitissem ensinar algo. Ledo engano. No restante da aula, se é que aquilo poderia ser chamado de aula, fiquei em pé feito estátua ao lado da quadra. Eles nem sequer me chamaram para compor um dos times. Enquanto isso, as alunas não se mexiam, estavam muito entretidas com seus ioiôs, um brinde distribuído por uma fábrica de refrigerantes que virara febre na época. Quando o sinal tocou, simplesmente subiram para a sala de aula e eu fui procurar a bola que alguém tinha chutado para longe. Terminei minha primeira experiência docente com os jovens completamente frustrado.

Passados trinta anos, ainda me lembro da sensação. Sentia-me o pior professor do mundo. Aqueles cinquenta minutos foram suficientes para derrubar minhas esperanças de colocar em prática o conhecimento que havia adquirido na universidade. Apesar de tudo, o acontecido deixou uma importante lição. Se quisesse prosseguir na profissão, teria de aprender a ser professor naquela escola e com aqueles alunos.

É claro que isso não aconteceu no dia seguinte, nem no outro. Mas não me deixei derrotar. Desde sempre, procurei colocar em ação uma proposta que pudesse agregar os alunos, envolvê-los nas atividades e realizar um trabalho que efetivamente pudesse contribuir para a construção de uma sociedade melhor. Aprendi de aula em aula, de atividade em atividade. Copiei os professores mais velhos, perguntei muito, falei pouco e, principalmente, prossegui interessado no tema. Minha curiosidade levou-me a destrinchar teorias de ensino e de aprendizagem, a investigar conteúdos e métodos. Foi isso que me permitiu trabalhar por muitos anos na escola pública, a maioria deles atuando no Ensino Médio – muito embora, a depender das turmas disponíveis e da minha classificação, assumisse também as aulas na Educação Infantil e no Ensino Fundamental.

Classificação: Ainda hoje, na maioria das redes públicas de ensino, a escolha de turmas ou blocos de aulas se dá mediante a pontuação do professor.

Do tempo vivido no chão da escola, com dez aulas por dia nos cinco dias da semana, as aprendizagens mais significativas vieram das reflexões a partir das experiências realizadas. Tentei ser amigo, imparcial ou rígido. Dei aulas na sala, na quadra, no pátio. Utilizei espaços diferentes. Fiz combinados e impus atividades. Apresentei conceitos teóricos para, posteriormente, organizar vivências e vice-versa. Negociei temas e situações didáticas com os alunos. Treinei equipes competitivas e depois abandonei essa prática. Organizei grupos de ginástica com pais e funcionários, para poder negociar com a direção a compra dos uniformes dos times da escola. Programei excursões, campeonatos internos e externos e ensaiei coreografias. Mais tarde, coordenei mostras culturais, saraus e seminários de alunos. Trabalhei com unidades e sequências didáticas, blocos de conteúdo, projetos e planos diários. Apliquei provas práticas e teóricas, testes e autoavaliações. Deixei alunos de recuperação e aprovei todos com a nota máxima. Experimentei a perspectiva esportivista, a desenvolvimentista, a da educação para a saúde e a proposta crítica. Fiz misturas e confusões, usei de tudo um pouco, tentando obter o melhor resultado. Fui paraninfo ou professor homenageado de algumas turmas; também enfrentei resistências, rostos virados e caras de desprezo. Briguei muito na sala dos professores, nas reuniões pedagógicas e com membros da equipe gestora. Em outros momentos, participei de trabalhos coletivos, fiz grandes amigos entre os colegas e recebi elogios das instâncias superiores. Alternei passagens boas e ruins, errei mais do que acertei, mas não deixei de aprender.

Entre trancos e barrancos, firmei-me na profissão e consolidei um fazer pedagógico com o público juvenil que, finalmente me dera conta, também coabita esta sociedade globalizada, multicultural e desigual. A pós-modernidade retirou de todos a certeza do futuro, deixou insegurança e receio do que possa vir. Percebi que os jovens têm medo, não querem seguir sozinhos, estão à procura de companhia nessa jornada rumo ao desconhecido. Eles só têm a nós, pessoas que estão por aqui há mais tempo. É nosso dever ajudá-los a caminhar.

Os anos passaram, vieram outras experiências formativas e profissionais. Tornei-me formador de professores e pesquisador da prática pedagógica. Saí da quadra, mas não da escola; jamais abandonei a luta e a busca por uma Educação Física mais democrática. Com o professor Mário Luiz Ferrari Nunes, coordeno, desde 2004, o Grupo de Pesquisas em Educação Física escolar da Faculdade de Educação da Universidade de São Paulo, que realiza investigações e estudos sobre a perspectiva cultural da Educação Física.

Sintonizada com o século XXI e as novas demandas sociais, essa proposta procura tematizar as práticas corporais na escola, questionando os marcadores sociais nelas presentes, como condições de classe, etnia, gênero, níveis de habilidade, local de moradia, histórias pessoais, religião, entre outros. Para tanto, recorre à política da diferença por meio do reconhecimento das linguagens corporais daqueles grupos sociais quase sempre silenciados. Engajada também na luta pela transformação social, prioriza procedimentos democráticos para a definição dos temas de estudo e das atividades de ensino, valorizando experiências de reflexão crítica da ocorrência social das brincadeiras, danças, lutas, esportes e ginásticas pertencentes ao universo dos alunos para, em seguida, aprofundá-las e ampliá-las mediante diálogo com outras representações e manifestações. Nessa vertente, a experiência escolar é um campo aberto ao debate, ao encontro de culturas e à confluência da diversidade de práticas corporais de variados grupos sociais. A Educação Física cultural é uma arena de disseminação de sentidos, de polissemia, de produção de identidades voltadas para análise, interpretação, questionamento e diálogo entre as culturas e a partir delas.

Os professores que compõem o grupo de pesquisas experimentam cotidianamente o currículo cultural. Os resultados são compartilhados nas reuniões quinzenais, ocasião em que recebem contribuições de análises com base nos campos teóricos dos Estudos Culturais e do multiculturalismo crítico. Surgem daí novas ideias e propostas que são novamente colocadas em prática e, na sequência, examinadas. Repetindo a experiência pessoal descrita anteriormente, seguimos aprendendo com erros, acertos, trocas e muito estudo.

Preocupados com a concretização de uma Educação Física a favor das diferenças e comprometida com a formação de identidades democráticas, os docentes que investigam a proposta expõem seus pontos de vista sobre o assunto. Esta obra documenta alguns dos resultados do trabalho desenvolvido, apresentando olhares complementares a respeito do fenômeno pedagógico.

Os quatro primeiros capítulos – *O corpo, a família e a escola, A educação corporal, Cultura juvenil e Educação Física e O ensino da Educação Física: dos métodos ginásticos à perspectiva cultural* – questionam supostos consensos e procuram estabelecer conexões entre a construção cultural do corpo e as diferentes perspectivas de trabalho na escola, com especial destaque para as culturas juvenis. Cada um contém elementos edificantes que sustentam as ações didáticas culturalmente orientadas. Os capítulos seguintes – *Concepções de cultura corporal e seus reflexos no ensino da Educação Física, Os Estudos Culturais e o ensino da Educação Física, O multiculturalismo e o ensino da Educação Física, A tematização no ensino da Educação Física e A problematização no ensino da Educação Física* – apresentam os subsídios teórico-metodológicos para a atuação pedagógica pautada na perspectiva cultural.

Embora vários colegas tenham participado do projeto, os textos que compõem o livro foram escritos de maneira a garantir a articulação e a complementação dos argumentos e conceitos apresentados. Como o centro de radiação é o mesmo, cada capítulo acrescenta novos elementos à proposta possibilitando uma melhor compreensão. Consequentemente, a leitura fragmentada ou episódica talvez ofusque a visão de todo potencial que a obra possui.

Acredite, caro leitor, não tenho qualquer intenção de convencê-lo a adotar a concepção de ensino aqui defendida. Trata-se apenas de mais uma alternativa para evitar a frustração de atuar no Ensino Médio. É verdade que tem sido colocada em prática em muitas escolas e que os resultados informados são promissores. O interessante é que educadores e educadoras que se arriscam a fazê-lo têm recriado seus procedimentos e atividades de ensino e, ao que tudo indica, os alunos já não pedem a bola para começar a aula sozinhos.

Marcos Garcia Neira

Autor do volume

Conteúdo

1. O CORPO, A FAMÍLIA E A ESCOLA 19

   REFERÊNCIAS BIBLIOGRÁFICAS 29

2. A EDUCAÇÃO CORPORAL 31

   REFERÊNCIAS BIBLIOGRÁFICAS 45

3. CULTURA JUVENIL E EDUCAÇÃO FÍSICA 49

   REFERÊNCIAS BIBLIOGRÁFICAS 67

4. O ENSINO DA EDUCAÇÃO FÍSICA: DOS MÉTODOS GINÁSTICOS À
   PERSPECTIVA CULTURAL 69

   REFERÊNCIAS BIBLIOGRÁFICAS 82

5. CONCEPÇÕES DE CULTURA CORPORAL E SEUS REFLEXOS NO ENSINO DA
   EDUCAÇÃO FÍSICA 87

   REFERÊNCIAS BIBLIOGRÁFICAS 101

6. OS ESTUDOS CULTURAIS E O ENSINO DA EDUCAÇÃO FÍSICA 105

   6.1 IDENTIDADE E DIFERENÇA 117

   REFERÊNCIAS BIBLIOGRÁFICAS 125

7. O MULTICULTURALISMO E O ENSINO DA EDUCAÇÃO FÍSICA 127

   REFERÊNCIAS BIBLIOGRÁFICAS 146

8. A TEMATIZAÇÃO NO ENSINO DA EDUCAÇÃO FÍSICA 149

   REFERÊNCIAS BIBLIOGRÁFICAS 163

9. A PROBLEMATIZAÇÃO NO ENSINO DA EDUCAÇÃO FÍSICA 167

   REFERÊNCIAS BIBLIOGRÁFICAS 179

1

O corpo, a família e a escola

Carolina Chagas Kondratiuk

Marcos Garcia Neira

O corpo é lugar de inscrição da cultura. Texto em constante movimento e transformação. Carrega imagens e gestos aprendidos e internalizados que, por sua vez, revelam partes da história da sociedade a que pertence. O corpo extrapola o sistema investigado e descrito pelas disciplinas biomédicas ao configurar-se como materialidade que expõe códigos e práticas culturais. São as normas sociais que o tornam texto à medida que inscrevem nele costumes, repressões e liberdades (SOARES, 2004).

Em um plano bastante tangível, a produção cultural desse texto dá-se por meio dos movimentos de extração e acréscimo aos quais o corpo é submetido em função de excessos, desvios ou faltas que apresenta em relação ao instituído coletivamente como normal, apropriado, saudável ou belo. Em um plano menor, mas nem por isso menos efetivo, são operadas repressões e liberdades similares sobre posturas, modos de movimentar-se, falar, expressar emoções. As funções simbólica e social são acompanhadas por instrumentos que operam sua concretização. Com a ajuda desses aparatos, os sujeitos adquirem *status* de pertencimento a um todo, como palavras de um mesmo texto.

A tessitura se dá através de uma educação polissêmica, realizada não somente pelas palavras como também por gestos e olhares, espaços e objetos, modos de organização do tempo, hábitos de alimentação, formas de regulamentação das interações etc. Tendo isso em vista, Soares afirma que "os corpos são educados por toda a realidade que os circunda, por todas as coisas com as quais convivem, pelas relações que se estabelecem em espaços definidos e delimitados por atos de conhecimento" (2004, p. 120). O processo de educação responsável por inscrever nos corpos os códigos da ordem social a que pertencem é multifacetado e descrito minuciosamente por Certeau (2002). O uso de sapatos, automóveis, cosméticos e alimentos são apenas alguns exemplos de como a vida social se inscreve nos corpos por meio de instrumentos específicos. Nesse meticuloso processo educacional, tudo no corpo é escrito, moldado e identificado de acordo com uma simbologia compartilhada.

Ao analisar os corpos citadinos, Sant'Anna (1995) reconhece uma via de mão dupla: de modo simultâneo à construção do espaço público pelos seus habitantes, os corpos são marcados pela realidade física circundante. A urbanidade afeta a todos indistintamente. Como decorrência, é fácil identificar relações entre a posição cultural, social e econômica de uma pessoa e as marcas corporais que ela possui. Goldenberg et al. (2002), por exemplo, analisam as marcas corporais características e culturalmente impressas dos residentes no Rio de Janeiro, São Paulo e Salvador. A "morenidade", adquirida pela exposição ao sol do corpo regularmente exercitado do carioca, difere do corpo moldado pela vida noturna do paulista ou mesmo da pele negra que expressa a afro-brasilidade valorizada pelo povo baiano. Desse modo, vê-se o corpo como retrato da sociedade, pois ele carrega as inscrições das imposições de limites sociais e psicológicos que são dados a sua conduta. Tais limites referem-se, ao mesmo tempo, a códigos que devem ser seguidos, pedagogias e instrumentos desenvolvidos para que tal submissão se concretize.

Das técnicas de educação corporal, a gestualidade é a principal. Por trás de sua aparente simpleza, os gestos expressam diferentes facetas do ser social. Na primeira dimensão – a ética –, inscreve-se o julgamento moral acerca da gestualidade, em termos de bom e mau, tomando como base os valores culturais. Na segunda, os gestos são vistos como expressão exterior da realidade interior, entendida de maneira distinta em diferentes épocas e sociedades. Na última dimensão, está a relação entre corpo e mente, que se estabelece por meio da educação dos gestos (SCHMITT, 1995). Cada uma dessas dimensões dá lugar a ações sobre o corpo e o seu disciplinamento. E uma vez que dominar os corpos é condição para governar a sociedade (SANT'ANNA, 1995), seu controle pertence à esfera política. Atos corriqueiros como caminhar, sentar-se, bocejar e comer são sujeitos a intervenções que focalizam a educação corporal.

Visto que é no corpo que se inscreve a identidade dos sujeitos, é nele que se procura ler os traços que indicam quem eu sou e quem o outro é. Souza (2000) ensina que a família, a mídia e a educação escolar, como se tratam de importantes espaços de compartilhamento e negociação de significados, têm papel central na constituição dos sentidos que os sujeitos atribuem a seus corpos e, em última instância, a si mesmos. A autora se debruça, especialmente, sobre as práticas discursivas da família, revelando como estão implicadas na construção da identidade e da noção de pertencimento ao grupo social; em decorrência disso, também dos sentimentos relacionados à diferença e ao não pertencimento. Para Souza, na família, as pessoas aprendem os significados e, a partir deles, entenderão e identificarão a si mesmas e ao mundo. O corpo caracteriza-se, portanto, como espaço social de produção e significação. E é inserido nesse processo simultâneo de reconhecimento e diferenciação que o sujeito se constitui e se posiciona. Os sentidos que cada sujeito atribui a si mesmo, ao seu corpo e ao outro são produtos de um processo de significação cultural. Como aponta Souza, nessa "perspectiva é possível pensar no corpo-identidade como efeito material dos 'micropoderes' existentes nas práticas discursivas da cultura familiar, ordenando e regulando nos corpos os gestos, o comportamento e as maneiras como as pessoas veem a si e aos/às outros/as" (2000, p. 105).

A família ocidental canônica, instituída em meados do século XIX, tem como um de seus papéis sociais o gerenciamento das populações por meio do controle minucioso dos corpos (FOUCAULT, 1993). As práticas discursivas desse *locus* social estão diretamente implicadas na construção da identidade de seus membros, já que lhes oferecem elementos de referência para que se situem no mundo. Transmitem, de um lado, as categorias com que o sujeito se identifica e às quais deve pertencer e, de outro, aquelas em que vê diferença e terá de afastar-se. O repertório de características com relação às quais um grupo familiar se situa em sua trama discursiva não tem limites. Os nomes de família, por exemplo, são signos que condensam práticas de identificação que remetem ao simbolismo do sangue elucidado por Foucault (1993). Em uma sociedade em que os mecanismos de poder se dirigem ao corpo, o sangue passa a ser o sustentáculo de políticas direcionadas ao controle da sexualidade. O sangue, uma realidade com função simbólica, passa de emblema aristocrático para sustentáculo das políticas exercidas por meio do dispositivo da sexualidade.

O sobrenome aparece como signo que carrega simultaneamente as características físicas e aquelas associadas a valores e condutas. Falas como "Puxou os traços dos 'x' (sobrenome paterno) e o temperamento dos 'y' (sobrenome materno)" são reveladoras. O sobrenome é signo que representa e constrói os sentidos com os quais os sujeitos pertencentes a dado grupo se identificam. Desde o nascimento, as pessoas lidam com o estabelecimento de semelhanças e comparações que marcam, gradativamente, características físicas e comportamentais que passam a reconhecer e a se identificar.

De acordo com Hall (1997), os significados compartilhados estão implicados na construção da identidade, ou seja, quando se afirma que duas pessoas pertencem ao mesmo grupo cultural, pretende-se dizer que elas interpretam, expressam ideias, sentimentos e atuam no mundo de maneira semelhante. Tais sujeitos são participantes de uma cultura e atribuem os mesmos significados a pessoas, objetos e situações, partilhando representações, gestos, maneiras de ser, de estar e de expressar-se assemelhadas.

Na ausência de laços de sangue, é nos laços afetivos que se criam as condições para tal. Como explica Foucault (1993), os laços afetivos passam a ter *status* de obrigatoriedade na família a partir do século XVII, instintuindo-a como "célula" nuclear da gestão das populações e alvo de políticas, como campanhas de vacinação, casamentos, controle de natalidade, princípios educacionais etc. Além disso, seus discursos transformam-se em regimes de verdade.

O corpo é objeto de regimes de verdade variados – biomédicos, religiosos, políticos, familiares –, e sofre os efeitos das práticas deles decorrentes. As práticas discursivas que naturalizam o corpo, por exemplo, tomam a biologia como base para definir seu papel social. Esse conjunto de ideias reduz ao plano biológico a identidade social. Embora as diferenças anatômicas e fisiológicas entre as pessoas sejam indiscutíveis, os sentidos atribuídos a elas não o são. Princípios conferidos aos membros de determinado grupo étnico instituem *a priori* um campo de possibilidades e impossibilidades. Geram, dessa maneira, discriminações de diferentes ordens. Conceber o corpo identidade é, portanto, extrapolar a dimensão geneticamente determinada do corpo e considerar a complexidade de elaborações e (re) construções nas quais está imbricado. O corpo, longe de ser simplesmente um dado que, ao nascer, carrega naturalmente determinadas características e formas, é produzido cultural e discursivamente. O corpo como objeto da cultura é fabricado constantemente nas relações e participa intrinsecamente da formação da identidade, plasmando modos de entender a si e à realidade circundante. Embora o compartilhamento dos significados tenha início na família, ganha continuidade e novos desdobramentos no espaço escolar.

A história revela que os processos de escolarização, em suas diferentes perspectivas, sempre estiveram preocupados com o corpo. Foucault (2002) descreve minuciosamente os esforços empreendidos para conhecer e escolarizar os corpos, tornando-os disciplinados, produtivos e moralizados. A posição considerada adequada ao sentar-se, o olhar onisciente do professor diante das carteiras enfileiradas, o tempo mecânico segmentado e comunicado por meio dos sinais semelhantes aos das fábricas são exemplos de ações que corrigem, moralizam e urbanizam os corpos. Tais esforços revelam a implicação direta do corpo na construção dos sujeitos.

Nas modernas teorias educacionais, o corpo não recebe tanta atenção. O foco recai sobre a cognição, níveis de abstração a serem alcançados pelos alunos e estágios de desenvolvimento intelectual. A movimentação corporal e seus estímulos servem tão somente à aprendizagem conceitual. Com exceção da Educação Física, o corpo parece ter sido esquecido ou negado. Louro (2000), entretanto, afirma que as formas de intervir nos corpos – e de reconhecer essa intervenção – apenas variam conforme a perspectiva pedagógica assumida; logo, nunca deixaram de existir. O corpo, quando silenciado na teoria, é relegado ao plano da natureza e mal disfarça sua participação na dimensão da cultura. O silenciamento traz como efeito perverso a naturalização de construções históricas e sociais.

Ao manifestar-se na escola, a tradição dualista que separa, de um lado, corpo e natureza e, de outro, pensamento e cultura, confere *status* de naturalidade às marcas corporais. Na definição de Louro, as marcas corporais são os sinais que se buscam nos corpos para distinguir as identidades dos sujeitos. Nas palavras da autora, "as marcas devem nos falar dos sujeitos. Esperamos que elas nos indiquem – sem ambiguidade – suas identidades" (2000, p. 61). Desse modo, propõe uma problematização das marcas, retirando delas o *status* de marcadores objetivos e fixos da identidade de seus portadores. Por que, no processo de definição de identidades, algumas características foram escolhidas como mais importantes em detrimento de outras? Por que a cor da pele e o formato dos olhos foram eleitos em lugar do formato das orelhas ou do tamanho dos pés? Uma vez que a identidade é uma atribuição cultural e que os corpos são significados, representados e lidos culturalmente, diferentes culturas atribuem significados diversos a características físicas. Além disso, as marcas corporais se modificam com o tempo. Mudam em função da idade, da saúde e das condições de vida; mudam em função de imposições sociais e exigências da moda, agregando pinturas, próteses, aromas e adornos como códigos identitários.

Ao serem nomeadas no contexto da cultura, as identidades sofrem distinções. Seu caráter relacional supõe que, ao atribuir identidade, simultaneamente atribui-se diferença e, ao classificar normalidade, institui-se o que está fora. Desse modo, enquanto algumas identidades desfrutam de privilégios, legitimidade e autoridade, a outras cabe o papel de desviantes, ilegítimas e marginais. Tal é o jogo de poder em que a identidade necessariamente se insere. Dentro dele, certas identidades são tomadas como referência e, em contraponto, outras são tidas como diferentes. Vincula-se às primeiras aquilo que é considerado normal, natural e neutro e, em função disso, elas deixam de ser problematizadas. Paradoxalmente, instâncias sociais como a família e a escola empenham-se em um contínuo e cuidadoso esforço para garantir, desde os primeiros anos de vida, a aquisição das características consonantes com a identidade padrão. Concomitantemente – e talvez em resposta a sua tendência homogeneizante –, existem outros, referentes a categorias diversas, que exemplificam como o corpo carrega marcas identitárias. É o caso das divisões de grupos entre jovens nas escolas baseadas no modo de vestir, estilo musical ou prática corporal preferidos etc. Cada qual afirma sua diferença em relação aos demais e, ao mesmo tempo, sua unidade interna. O duplo movimento é garantido pela adoção de linguagens, aparências e comportamentos característicos, assumidos na forma de demarcadores simbólicos do coletivo social ao qual o sujeito pertence.

Na escola, ensina-se a olhar para o outro e para si mesmo, a classificar e a preferir, e a Educação Física é o principal dispositivo empregado para isso. Herdeira de tradição científica e política, procura educar o corpo como máquina privilegiando ordem, hierarquia e produtividade. Ao instituir-se como parte do currículo obrigatório, o componente carrega o ideal de civilidade. Introduz na escola a educação corporal em termos de utilidade, economia de energia, moral e higiene, ao mesmo tempo que oferece as bases de uma estética da retidão. Opera um rigoroso esquadrinhamento do corpo. De acordo com Sant'Anna (1995), a prática de endireitar a postura por meio do espartilho, notória entre os nobres, foi gradualmente condenada e substituída por atividades educativas. A modelagem do corpo pelo aparato de ferro e tecido deu lugar à modelagem pelas práticas recomendadas pela ciência, consideradas saudáveis em cada época. Na perseguição de um corpo saudável, disciplinado e produtivo, mesclaram-se apelos morais e científicos, como higiene dos comportamentos e disposição para o trabalho. Foi esse o clima que acolheu e nutriu a Educação Física na escola nos séculos XIX e XX. Sua face virtuosa negou e afastou da relação educativa a subjetividade de quem ensina e de quem aprende. Enquanto esse processo perdurou, o corpo viveu as mais distintas manipulações engendradas pela racionalidade da máquina. Passou a ser visto como produtor, pautando-se pelas preocupações com a economia de gestos e com a atual busca compulsiva pelo gasto de energia.

À época da modernização e do desenvolvimento da nação, com a industrialização voltada para bens de consumo e acompanhada de uma urbanização crescente, a escola tornou-se o lugar de consolidação da sociedade burguesa. Passou a ter papel central na constituição simultânea dos seus frequentadores e daqueles que não puderam acessá-la. A formação concomitante deu-se por meio do disciplinamento de corpos e mentes, não somente de alunos como também dos responsáveis por sua formação. Para que se tenha a exata medida da intencionalidade presente nesse processo, vale a pena observar o que aconteceu com o corpo do professor, ou melhor, da professora. A gênese da feminização do trabalho docente não ocorreu sem cuidados. Ainda no século XX, a introdução da mulher na instituição escolar aconteceu com preocupações explicitadas em recomendações sobre o comportamento das docentes, que eram baseadas na tradição ascética e vinculavam a professora à imagem da donzela pura, cujo corpo deveria ser ocultado. Nas palavras de Louro (1997, p. 106), "para afastar as marcas distintivas da sexualidade feminina, seus trajes e seus modos devem ser, na medida do possível, assexuados. Sua vida pessoal, além de irretocável, deve ser discreta e preservada". As regras sobre a fala professoral exaltavam clareza, nitidez e seriedade, sem gestos nem emoções que revelassem traços de caráter.

Ao passo em que forma os sujeitos que circulam dentro dos muros da escola, a educação escolar os diferencia dos excluídos, estabelecendo uma fronteira entre o próprio espaço e a alteridade, o civilizado e o não civilizado, o culto e o rude (LOURO, 1997). Se a instituição da ginástica envolta pelo discurso higienista cumpriu seu papel disciplinar no início do século passado e se o Pós-Guerra assistiu à eclosão do ensino esportivo como meio principal de forjar o corpo e o caráter da nação em desenvolvimento, o desenho social do terceiro milênio obrigou a escola a reconhecer as diferenças. Se nos dois primeiros casos as aulas de Educação Física transformaram-se no meio adequado para o fortalecimento da vontade, entendida como submissão do corpo à norma, espera-se que, na atualidade, ela possa contribuir para uma educação sensível à diversidade.

Em um passado próximo, a separação entre rapazes e moças garantia objetivos específicos em ações educativas voltadas ao gênero, institucionalizando diferenças com base em um discurso científico pretensamente neutro. A Educação Física das garotas visava dotar o corpo de flexibilidade e tônus necessários para sustentar a si mesmo. As atividades propostas aos garotos miravam o desenvolvimento da força e da coragem, atributos coerentes com a virilidade esperada. Tanto a proposta feminina quanto a masculina recorriam a práticas corporais europeias e estadunidenses, eficazes no processo de individualização e competição que apontava os melhores e os fragilizados, promovendo o confronto do corpo real com o desejado e, conforme o caso, a construção de uma representação negativa ou positiva.

> **Práticas corporais:** Práticas corporais são textos produzidos pela gestualidade sistematizada com finalidades lúdicas – brincadeiras, danças, lutas, esportes e ginásticas (NEIRA, 2014).

Tidos como comportamentos naturais explicados pelo discuso psicológico, dificilmente são questionados. Não obstante, certo incômodo se instaura quando um garoto prefere a dança ao futebol, fazendo surgir desconfianças com relação aos efeitos dessa experiência. O inverso tem causado cada vez menos estranhamento. O temor com o que pode suceder se uma garota prefere chutar a bola é bem menor, afinal uma eventual masculinização do caráter talvez não seja tão ruim. Tornar-se mais corajosa, firme e determinada pode até ser bem-visto. A identidade padrão também fixa categorias de classificação aplicadas internamente aos grupos. No caso feminino há, por exemplo, as garotas quietinhas ou as que andam com todo mundo; no masculino, há os *nerds*, os populares etc.

Isso também ocorre em relação à identidade negra. O estudo de Gomes (2003) sinaliza a importância que traços como o cabelo assumem na construção da identidade no espaço escolar, denunciando a forte presença do preconceito étnico na escola e revelando como outras instâncias sociais podem ser importantes para sua superação e ressignificação. É o caso dos salões de beleza étnicos ou da aparição mais frequente na mídia. Tudo indica que está em curso uma mudança importante quanto ao tratamento do cabelo crespo.

Nos tempos atuais, não há cabimento em conceder privilégio a determinados grupos em detrimento de outros, materializado em um espaço curricular generoso. No caso da Educação Física, o enorme tempo reservado aos esportes provenientes de uma única referência cultural precisa ser melhor repartido com brincadeiras, danças, lutas e ginásticas de outros povos, tempos e lugares. O tratamento respeitoso à variedade da cultura corporal possibilitará uma educação mais democrática e, consequentemente, a elaboração de representações positivas sobre si e os outros.

> **Cultura corporal:** Uma genealogia do termo é desenvolvida no Capítulo 5.

Na escola, onde há corredores que facilitam o controle de quem entra e sai das salas, filas ou espaços comuns que organizam a socialização, carteiras dispostas umas atrás das outras voltadas para o professor, em grupo ou em círculo, e sinais sonoros que indicam o tempo destinado a disciplinas e intervalos, são incorporados gestos e sentidos. A produção do corpo, entretanto, não age apenas por meio da arquitetura, organização espacial e temporal, regras, exigências e atividades, mas também por meio dos atores que dela fazem parte. Juntam-se a espaços, materiais didáticos e mobiliário, os professores, diretores, coordenadores pedagógicos, funcionários e supervisores (SANTOS, 2001). Os sujeitos que atuam na escola foram, um dia, o foco privilegiado dessas intervenções. À experiência adquirida na condição de alunos, agregam-se conhecimentos científicos obtidos na formação profissional docente, o que os transforma em aparatos eficazes na educação dos corpos.

As experiências ligadas ao cotidiano escolar vividas pelos docentes estão guardadas em suas memórias de cenas, lugares (salas de aula, quadras, pátios e bibliotecas) e pessoas (colegas estudantes, funcionários e professores) que fizeram parte de seu percurso. Todos são elementos fundamentais em sua constituição identitária permeada por aprendizagens e experiências formadoras mais ligadas aos aspectos subjetivos e estéticos do que a um currículo prescritivo. Situações e atores da cultura escolar compõem uma história não contada do corpo de crianças e jovens que, posteriormente, se tornaram professores. A escrita dessa trajetória se dá por meio das experiências, sentidos e signos marcados no corpo, que nele se inscrevem e por ele são apropriados. O corpo do professor é o mesmo corpo que aprende. Um aprendizado entendido como movimento contínuo de elaboração e reelaboração de significados das ações humanas, adquirido nas relações sociais. As narrativas familiares, os programas televisivos, as conversas com os amigos são algumas ocasiões corriqueiras em que isso acontece. Também pode-se dizer que as aulas de Educação Física, mediante a oferta de práticas corporais vistas como masculinas ou femininas, nacionais ou internacionais, fáceis ou difíceis, populares ou de elite, modelam a gestualidade dos sujeitos.

Antes que se possa pensar que não há alternativas, é bom que se diga que os signos próprios dos modelos de subjetividade se imprimem nos corpos, mas não os moldam de acordo com as expectativas. Efeitos de sentido inesperados são produzidos, apesar dos controles e do disciplinamento, nas relações intersubjetivas materializadas pelas práticas. Chartier desenvolve essa ideia de caminhos possíveis na formação, já que quem aprende o faz ativamente: "A aceitação das mensagens e dos modelos opera-se sempre através de ordenamentos, de desvios, de reempregos singulares que são objeto fundamental da história cultural" (1990, p. 136-137). O aspecto relacional do ser humano atribui complexidade à aprendizagem, pois os signos chegam a sujeitos únicos em relações sociais únicas. São singulares, porque os lugares sociais só existem quando se materializam em sujeitos reais, que são históricos e encarnam trajetórias pessoais. Essas singularidades engendram dinâmicas interativas únicas. Cada corpo é, ao mesmo tempo, portador de signos e aprendiz. O corpo é *locus* de construção da identidade.

A identidade corporal é marcado pela história, forjada e alterada por distintos discursos e práticas disciplinadoras. Os rapazes e moças são avaliados, medidos, classificados e, em seguida, ordenados, corrigidos e moldados às convenções sociais. A finalidade desse processo é, em última instância, a adequação de cada um a seu destino social, ou seja, a incorporação de cada novo membro ao conjunto de signos compartilhados. Em seu decorrer, produzem-se necessariamente distinções, uma vez que toda identidade é definida de forma relacional. A suposição da existência de marcas naturais que diferenciam os corpos as faz existir; dito de outro modo, ao corpo inserido na cultura são outorgadas, a todo momento, marcas definidoras de sua identidade.

REFERÊNCIAS BIBLIOGRÁFICAS

CERTEAU, M. de. **A invenção do cotidiano:** artes de fazer. Petrópolis: Vozes, 2002. v. 1.

CHARTIER, R. **A história cultural:** entre práticas e representações. Rio de Janeiro: Bertrand, 1990.

FONTANA, R. C. O corpo aprendiz. In: CARVALHO, Y. M.; RUBIO, K. **Educação física e ciências humanas.** São Paulo: Hucitec, 2001.

FOUCAULT, M. **História da sexualidade:** a vontade de saber. Rio de Janeiro: Graal, 1993. v. 1.

_____. **Vigiar e punir:** nascimento da prisão. Petrópolis: Vozes, 2002.

GOLDENBERG, M. et al. (Org.). **Nu & vestido:** dez antropólogos revelam a cultura do corpo carioca. Rio de Janeiro: Record, 2002.

GOMES, N. L. Educação, identidade negra e formação de professores/as: um olhar sobre o corpo negro e o cabelo crespo. **Educação e Pesquisa**, São Paulo, v. 29, n. 1, jan./jun. 2003.

HALL, S. A centralidade da cultura: notas sobre as revoluções de nosso tempo. **Educação & Realidade**, Porto Alegre, v. 22, n. 2, p.15-46, 1997.

LOURO, G. L. **Gênero, sexualidade e educação:** uma perspectiva pós-estruturalista. Petrópolis: Vozes, 1997.

NEIRA, M. G. **Práticas corporais:** brincadeiras, danças, lutas, esportes e ginásticas. São Paulo: Melhoramentos, 2014.

SANT'ANNA, D. B. Cuidados de si e embelezamento feminino: fragmentos para uma história do corpo no Brasil. In: _____. (Org.). **Políticas do corpo**. São Paulo: Estação Liberdade, 1995.

SANTOS, L. E o corpo ainda é pouco. In: NETO, A. V.; SCHMIDT, S. (Org.). **A educação em tempos de globalização**. Rio de Janeiro: DP&A, 2001.

SCHMITT, J. C. A moral dos gestos. In: SANT'ANNA, D. B. (Org.). **Políticas do corpo**. São Paulo: Estação Liberdade, 1995.

SOARES, C. L. Corpo, conhecimento e educação: notas esparsas. In: _____. (Org.). **Corpo e história**. Campinas: Autores Associados, 2004.

SOUZA, N. G. S. Representações de corpo-identidade em histórias de vida. **Educação & Realidade**, Porto Alegre, v. 25, n. 2, p. 95-116, jul./dez. 2000.

2

A educação corporal

Luiza Moreira da Costa

Marcos Garcia Neira

Na escola, a educação corporal vem assumindo uma multiplicidade de paradigmas de acordo com os objetivos apresentados pela sociedade: esportivo, recreativo, higiênico, religioso, ético, estético, educativo e disciplinar. A complexidade e a diversidade de abordagens do corpo são resultantes do fato de ele expressar o cruzamento da cultura com a natureza. Uma das consequências de tal pressuposto consiste no embate resultante da exigência do controle permanente de sua origem natural. Esse tem sido, desde sempre, o maior objetivo da educação corporal.

Com o intuito de compreender algumas pedagogias que se instauraram sobre o corpo, vale percorrer, inicialmente, o viés proposto pelas ciências biológicas. Limitar o corpo ao aspecto biológico implica em defini-lo como "substância material e finita do humano" (PINTO, 2004, p. 18), o que restringe o acesso ao conhecimento apenas pela via da observação e do pensamento, excluindo a corporeidade dessa equação. Nesse contexto, o saber que interessa ao sujeito é o de cunho intelectual, isto é, aquela dimensão racional que o habilita a viver em sociedade.

Entre o final do século XVIII e o início do XX, a biologia e a medicina, aliadas à anatomia e à fisiologia, foram responsáveis por oferecer a conotação de "organismo vivo" ao corpo, influenciando decisivamente as propostas de ensino da Educação Física. Inseridas nesse conjunto, encontram-se a preocupação técnica, a repetição de exercícios e o pressuposto de que o corpo, como

32 Educação Física cultural

Movimento Higienista:
O Movimento Higienista ou Sanitarista difundiu práticas voltadas para a saúde coletiva e individual. Embora uma parcela não desprezível da literatura sinalize seu crepúsculo nas décadas de 1930 ou 1940 do século passado, Góis Junior (2003) entende que o higienismo ainda vigora, mas com algumas adaptações. Se, no passado, a atividade física era incentivada como forma de construir corpos resistentes ao trabalho, atualmente, o intuito é substituir a falta do esforço físico e combater o sedentarismo.

conjunto biológico, é o que torna os homens semelhantes (OLIVEIRA, 2007). Essa época foi marcada pela preocupação com os efeitos da urbanização crescente e a necessidade de aperfeiçoar o controle da população. Dentre as estratégias empregadas, destaca-se a do estreitamento da relação entre escola e saúde inspirada no Movimento Higienista (SCHNEIDER; FERREIRA NETO, 2006). Góis Junior (2003) descreve, como parte dessa pedagogia, o ensino de novos hábitos higiênicos à população, comparando corpos a máquinas delicadas que necessitam de investimentos e procedimentos específicos.

O entendimento do corpo sob o ângulo biológico ajudou a estabelecer um olhar preconceituoso sobre o povo brasileiro relacionado à heterogeneidade étnica. A ideologia política por trás das concepções higienistas perseguia a melhora das características corporais com o objetivo de qualificar o povo do ponto de vista intelectual, nos hábitos e na gestualidade. Os esforços configuraram uma política pró-melhoramento do brasileiro como espécie humana, justificando a persecução do branqueamento com base na crença de que a identidade racial capturada pela brancura da pele era sinônimo de sociedade moderna e civilizada (SCHNEIDER; FERREIRA NETO, 2006). Para regenerar o Brasil, seria necessária uma população saudável, disciplinada e produtiva, e isso só poderia ser alcançado com um povo mais humano, limpo e asséptico, ou seja, mais branco, magro e bonito (VAZ, 2003). Desse modo, a educação torna-se a estratégia central dessa ação civilizatória que busca corresponder ao perfil capitalista industrial desejado pelos governantes que representavam as elites.

Esperava-se da escola as mudanças que aperfeiçoariam psicológica e fisicamente o povo brasileiro. À educação, em termos gerais, cabia a modificação do caráter do aluno, enquanto à Educação Física seria responsável pela modificação do biótipo. O pensamento era: primeiro o aluno, depois a nação.

Modificação do biótipo:
À época, pensava-se que a mudança de uma geração seria suficiente para que seus filhos herdassem "boas características". Se um corpo esteticamente perfeito indicava saúde, normalidade e bom caráter, também indicava a herança recebida dos pais através de seus genes.

O corpo era o alvo a ser atingido pela Educação Física, a melhoria das condições biotipológicas pela adoção de regras de higiene, nas quais estavam inclusos o amor pelo esporte, a exercitação diária, o aprendizado na escola das regras de saúde, o culto ao padrão grego de estética corporal, o amor à pátria e a moralização dos hábitos que poderiam levar à degenerescência (SCHNEIDER; FERREIRA NETO, 2006, p. 82).

Estranhamente, as análises das técnicas corporais e cuidados com o corpo presentes em muitas escolas permitem afirmar que a educação corporal ainda se sustenta nas concepções biológicas comprovadas nas sujeições às práticas alimentares e nutricionais, na valorização da criação de hábitos de higiene nos alunos e, principalmente, na ênfase dada à adoção de um estilo de vida fisicamente ativo (LAZZAROTTI FILHO; BANDEIRA; JORGE, 2005). O fato é facilmente constatado pela maior projeção dos conhecimentos a respeito do corpo abordados nas aulas de Ciências, em detrimento dos apresentados pela Educação Física. O estudo do corpo de forma fragmentada restringe o foco aos aspectos puramente biológicos, desconsiderando as influências do contexto sócio-histórico, conforme sugerem as ciências humanas. Essa assimetria é de responsabilidade da academia e das agências de fomento governamentais, que destinam maiores recursos às pesquisas biomédicas, e dos setores da administração educacional, que instigam uma distribuição de carga didática diferenciada e valorizam o ensino conteudista. O reflexo disso é a atribuição de importância desigual por parte dos alunos, que incorporam a hierarquia de valores entre o que é ensinado em sala de aula com o recurso do livro didático e o que é trabalhado no pátio ou na quadra.

Apesar da rotina escolar ser repleta de situações voltadas para o domínio da natureza imperfeita do corpo, uma parcela dos professores entende que isso acontece apenas nas aulas de Educação Física. Nelas os impactos da perspectiva biológica são facilmente identificados nas propostas voltadas para o ensino das habilidades motoras ou no desenvolvimento das funções psicomotoras. Em ambos os casos, os objetivos pretendidos desconsideram que as práticas corporais são artefatos culturais que recebem significados distintos conforme o grupo no qual estão inseridas. A multiplicidade das experiências dos estudantes nem sequer é lembrada, pois o que se pretende é o alcance de um corpo ideal – hábil, coordenado e ajustado –, produzido pelo discurso psico-biológico.

> Funções psicomotoras: Esquema corporal, estruturação espacial e orientação temporal.

Em contrapartida às ciências biológicas, que se apoiam em conceitos fisiológicos e anatômicos universais, as ciências humanas pensam o corpo como um instigante fenômeno, cujo estudo permite compreendê-lo de forma diversa e abordá-lo como uma "estrutura simbólica, superfície de projeção, possível de unir as mais variadas formas culturais" (GONÇALVES; AZEVEDO, 2007, p. 70).

No corpo, no movimento humano e em todo o universo das práticas corporais estão intrínsecos os valores sociais, culturais, políticos e econômicos, portanto, não devemos restringi-los ao âmbito biológico (de domínio e controle do corpo, submetendo-o a uma racionalidade restrita), mas ampliá-los na nossa prática pedagógica. A restrição ao âmbito biológico leva a uma biologização e naturalização dos problemas sociais como os preconceitos raciais, preconceitos em relação à opção sexual, fracasso escolar e exclusão social (LAZZAROTTI FILHO; BANDEIRA; JORGE, 2005, p. 150).

Goellner (2002) concorda e argumenta que a abordagem do corpo restrita ao plano biológico não oferece subsídios suficientes para abarcar as características de natureza diversa. Portanto, faz-se necessário observá-lo pelo plano simbólico, transpondo sua origem natural e valorizando sua construção social, cultural e histórica.

Sob o prisma das ciências humanas, Pinto e Vaz (2009) compreendem o corpo físico como uma relação e seus movimentos como dotados de códigos que possibilitam comunicar-se com o mundo. Para esses autores, "significa dizer que um gesto não é um simples deslocamento de um corpo no tempo e espaço, mas uma ação que resgata todo um passado de experiências de aprendizagem, como um futuro que abre um mundo de possibilidades" (2009, p. 267). Com enfoque semelhante, Silveira e Pinto defendem que "o movimento humano é uma forma de expressão cultural e que, por isso, carrega em si elementos históricos, éticos, técnicos, políticos, filosóficos, étnicos que devem ser estudados e praticados na escola" (2001, p. 139). Tais contribuições também repercutem nas aulas de Educação Física, buscando a substituição de um ensino baseado no corpo como estrutura a ser modificada e desenvolvida por uma proposta que compreenda o corpo como depositário de diferentes saberes, sentimentos, crenças e valores, tanto no âmbito coletivo quanto no individual (OLIVEIRA; OLIVEIRA; VAZ, 2008).

Aceitar o corpo como elemento de expressividade cultural implica em reconhecer também o lugar que ocupa em uma sociedade de classes pautada na dominação, seja no papel de dominador, seja no de dominado. Nos estudos pioneiros de Gilberto Freyre (1981), um dos primeiros a abordar marcas culturais, o corpo é visto como registro vivo das mudanças sociais.

No início do século XX, era o próprio corpo que respondia a qual classe social o cidadão pertencia. As vestimentas, a maneira de andar, de falar, de dançar e de costurar as relações interpessoais expunham o interlocutor a relacionar-se com seu meio social. Através dos mitos e ritos é que observamos o corpo por diversos subaspectos: no Carnaval com a inversão dos papéis sociais entre os seus participantes; na parada militar com a afirmação da hierarquização social, no velório que normaliza as dramatizações sociais e no futebol, que retém num único momento todas essas reações às relações sociais. Nesse momento, a marginalização do corpo, ora se expõe com toda a força, ora se retrai no modelo de opressão (MERLO; TAVARES, 2006, p. 72).

Na tentativa de construir um retrato contemporâneo das representações do corpo, Nicolino (2009) analisa as pressões sociais que repudiam corpos distintos da referência estética e a exigência de sacrifícios para conquistar esse padrão. No caso específico dos jovens, constata que as diferenças corporais são razão para expor ao ridículo e à desvalorização, revelando assim os valores atribuídos ao corpo na atualidade. Conclui que, na busca pelo pertencimento social, os jovens naturalizam um disciplinamento corporal diário baseado em dietas, exercícios físicos e modificações artificiais.

Quanto à naturalização, Goellner (1999) retrata como as práticas culturais e esportivas desenham identidades visuais, um modo de ser e de comportar-se, constituindo-se como identidades, a despeito do que poderiam ser os papéis designados e assumidos por cada sujeito. Técnicas e estratégias que utilizam o movimento estabelecem regras sutis sob a égide de um rígido controle, dando continuidade às convenções estabelecidas. Sobre o aspecto de fortalecimento de estereótipos e padrões, Lima e Dinis (2007) acrescentam que o mesmo mecanismo entra em ação nas aulas de Educação Física, pois são vistas como experiências que afirmam uma maneira de ser, limitando as diversas formas de manifestação ao socialmente aceitável.

[...] as relações de preconceito estiveram bastante interligadas com a estética corporal, demonstrando o quanto o padrão de beleza socialmente estabelecido está presente nas relações entre os alunos. Os padrões de corpo hegemônicos, submetidos à racionalidade e ao avanço científico, aparecem reproduzidos no discurso dos alunos. [...] os padrões corporais impostos pela mídia aparecem com veemência nas atitudes e discursos dos alunos (LAZZAROTTI FILHO; BANDEIRA; JORGE, 2005, p. 149).

Essas constatações levam a crer que a sociedade capitalista universaliza padrões ao tratar o corpo como mercadoria. A ênfase recai no narcisismo, o que gera a perda da noção de coletividade e induz a uma busca desenfreada por saúde e beleza. A questão é que o narcisismo acaba por tornar-se um culto quando o corpo é apreendido apenas como objeto, perdendo sua capacidade de pertencimento cultural para submeter-se ao sistema mercadológico por meio da impressão de marcas e rótulos (PINTO, 2004).

As interpretações de Silva e Gomes (2008) têm o mesmo teor ao analisar o corpo sob o ponto de vista do imaginário coletivo, fruto da massificação promovida pela cultura juvenil. A juventude implícita nesse conceito não possui qualquer relação com a faixa etária, mas sim com os significados atribuídos aos traços físicos e ao desempenho. Segundo esses autores, o "corpo jovem, malhado nas academias de ginástica, é ícone da sociedade contemporânea, por interferir sobre a vida social e psíquica dos sujeitos" (SILVA; GOMES, 2008, p. 197). Nos últimos trinta anos, os hábitos corporais dos brasileiros vêm sendo alterados. Há uma crescente preocupação com a forma física que não está relacionada a indicações médicas, mas sim à tentativa de alcançar o padrão de beleza vigente. Este, por sua vez, tem na indústria cultural seu mais poderoso aliado.

A novela, o vídeo, o cinema e a propaganda deixaram de ser representações fictícias do real e apropriaram-se de estilos, linguagens e comportamentos, com o intuito de oferecer à sociedade modelos e imagens a serem absorvidos pelas massas, alardeando-os como um caminho para a felicidade. O paradigma do corpo jovem e malhado desloca o ponto de referência do rosto e fixa-o no restante do corpo, ou seja, as feições perderam sua capacidade de marcar a distinção, função que agora é realizada por coxas, peitos e nádegas.

Becker (1999) responsabiliza os meios de comunicação de massa por reproduzirem modelos de corpos atrativos, levando o sujeito a uma busca desenfreada por posse e manutenção da aparência física idealizada. Quando a imagem corporal não condiz com o modelo, é tida como negativa, e isso faz questões físicas adentrarem o campo emocional, gerando quadros de baixa autoestima e depressão. As imagens disseminadas estereotipam a ideia de corpo ideal e lhe atribuem o potencial de felicidade. Desdobramentos das implicações civilizatórias atuais são visíveis no confronto dos sentimentos contraditórios de dominação e libertação do corpo com a busca de uma felicidade dividida entre a superioridade da mente e a dependência de rituais para manter o corpo em forma.

As propostas de Educação Física em que os alunos devem alcançar padrões estipulados de desempenho físico seguem a mesma cartilha ao repercutir maneiras de ser e comportar-se unívocas. Essas vertentes acríticas do componente desrespeitam a diversidade cultural quando valorizam o padrão corporal correto por meio de práticas autorreguladoras que reproduzem uma visão singular de saúde, beleza e eficiência.

Caso seja aceita a premissa de que sobre o corpo circulam diferentes representações culturalmente construídas, será mais fácil combater a eugenia cultural disseminada na sociedade e reproduzida na escola e desenvolver políticas de convivência com a pluralidade de corpos. Ora, a contemporaneidade traz "novas corporeidades que retrucam as gestões civilizadoras do corpo e procuram resgatar a espontaneidade natural perdida com o projeto tecnocientífico" (ALBUQUERQUE, 2003, p. 31).

A imagem do corpo dominante – masculino, branco e de musculatura saliente – criada nos últimos anos do século XX abriu duas possibilidades. Na primeira, o sujeito opta pelo culto a um corpo narcisista, guiado por padrões e valores difundidos pela cultura de massa e cuja ideologia trafega pela busca da saúde perfeita; já na segunda, ele pensa o corpo de maneira intimista e busca a autoaceitação e o autoconhecimento (MARTINS, 1999). Enquanto um ponto de vista concebe o corpo como um incômodo constante, algo a ser corrigido, o outro aposta na ideia de corpo como organismo vivo, objeto de reflexão em busca de harmonia pessoal.

No que tange ao ensino da Educação Física, Novaes (2009) denuncia certa ambivalência epistemológica entre as ciências humanas e as naturais, o que traz consequências para o âmbito científico e perdas visíveis para o pedagógico, quando se abordam os conceitos de corpo e saúde. Por incrível que pareça, mesmo nos discursos que promovem a educação para a saúde, o assunto é visto predominantemente com as lentes da biologia. O fato pode ser explicado pela compreensão do que seja ciência e pela dificuldade dos próprios professores reconhecerem os argumentos das ciências humanas. Vaz (2003) considera grave a abordagem do corpo a partir de uma única matriz disciplinar, uma vez que sua própria natureza multivocal não só autoriza como também exige um olhar mais amplo.

Vertentes acríticas: Como apontado no Capítulo 4, as teorias não críticas ou tradicionais da educação influenciaram as propostas esportivista, psicomotora, desenvolvimentista e da educação para a saúde. O caráter acrítico, afirma Saviani (1992), deve-se ao entendimento da escola como meio de equalização social, que tem como função básica homogeneizar as ideias, reforçar os laços sociais, evitar a degradação moral e ética e oportunizar a autonomia e a superação da marginalidade, entendida como fenômeno acidental e resultado da "incompetência" das pessoas, individualmente.

As bases científicas para apoiar as definições de corpo como objeto de estudo e experiências levaram os renascentistas a adotar os preceitos básicos do controle. O processo foi aprimorado na Modernidade com a instauração do capitalismo industrial e o emprego de técnicas disciplinares para refinar os mecanismos de regulação. A construção da racionalidade expandiu-se para além do campo das ciências, trouxe consigo certa assepsia à crença materialista e destruiu a imaginação, as emoções e qualquer elemento de dispersão. Posteriormente, foi possível abordar o corpo além da noção de matéria inerte: ele passou a ser visto como uma máquina, cuja "perda com a vinculação à alma é compensada pela dinamicidade proveniente da força mecânica que é atribuída ao próprio corpo" (SILVA, 1999, p. 5).

As técnicas disciplinares desenvolvidas e aplicadas no contexto escolar visam a "contenção de gestos e atitudes, educando o corpo de acordo com os valores socialmente aceitos" (LAZZAROTTI FILHO; BANDEIRA; JORGE, 2005, p. 147). Os modelos são preestabelecidos e contam com a flexibilidade referente à diversidade de expressões do corpo na instituição educacional, que assume sua quota de ações civilizadoras. A partir de determinado momento, é a escola que "ensina e reproduz grande parte das técnicas corporais [...] várias delas privilegiadas nas aulas de Educação Física" (p. 147).

> *Na Educação Física – mais do que em qualquer outra matéria curricular, pois tem o corpo como objeto de intervenção direta – o indivíduo se vê exposto, controlado em seus gestos e avaliado de acordo com suas capacidades físicas. O corpo é o alvo primeiro da intervenção disciplinar e através dele buscam-se outros aspectos do sujeito: a alma pura, o espírito nobre, a moral elevada, o trabalho honesto (LIMA; DINIS, 2007, p. 248).*

O disciplinamento promovido pelo ensino do componente dociliza os corpos a fim de submetê-los à ordem vigente e, para tanto, utiliza-se do governo das ações, da manipulação dos desejos e do adestramento da gestualidade. O predomínio do ensino de determinadas modalidades esportivas em detrimento do imenso repertório de práticas corporais existente é apenas uma das maneiras de isso ocorrer. A aprendizagem de vôlei, basquete, handebol e futebol implica no contato com os significados produzidos por grupos sociais bastante específicos, cujas crenças, modos de vida e ideologias gradativamente são incorporados pelos estudantes, independentemente da experiência cultural que possuam. O fato não pode mais ser visto como mero acaso, fatalidade ou algo inconsequente. Trata-se, na verdade, de uma ação planejada e propositalmente desenvolvida na escola brasileira na segunda metade do século passado.

Para compreender de que maneiras a Educação Física consolida essa política de corpo, basta mencionar os estudos realizados por Bourdieu e Passeron (1975), que denunciam a escola como lugar de transmissão de códigos e signos que reproduzem a desigualdade social, exercendo uma influência não desprezível na manutenção do *status quo*. Não há como desconectar a educação corporal da política. Trata-se de uma aliança que objetiva a

> Política: "A educação tem uma dimensão política [...] ela é um ato político, ainda que não destinemos a devida atenção ao fato de que a política também tem uma dimensão pedagógica." (VAZ, 2003, p. 162).

formação de novos indivíduos necessários para a ordem socioeconômica capitalista que se estabelece na Modernidade, [para tanto] no século XIX são elaboradas diversas disciplinas somáticas buscando moldar os comportamentos e impor aos indivíduos gestos e posturas adequadas às novas exigências sociais (SILVA, 1999, p. 9).

A Modernidade enfatizou o corpo, tanto para o bem como para o mal, tornando-o a expressão do progresso e submetendo-o, ao mesmo tempo, à condição de objeto.

As políticas educacionais modernas justificam sua fundamentação nas disciplinas somáticas pela pretensão de construir uma nova ordem e uma nova racionalidade presentes na sociedade industrial recém-estabelecida, na qual o movimento corporal possui uma relação intrínseca com a produtividade. Por meio da elaboração e da disseminação de propostas curriculares, os governos conduzem ações nos espaços escolares, ordenando seu contexto para melhor controle dos corpos e incremento de sua utilização. Isso gera um acirramento das relações de identificação dos sujeitos com aquilo que lhes diz respeito em termos corporais, já que se vive em uma sociedade marcada pela necessidade de corpos produtivos.

Desse modo,

[...] o corpo também está diretamente mergulhado num campo político; as relações de poder têm alcance imediato sobre ele; elas o investem, o marcam, o dirigem, o supliciam, sujeitam-no a trabalhos, obrigam-no a cerimônias, exigem-lhe sinais. Este investimento político do corpo está ligado, segundo relações complexas e recíprocas, à sua utilização econômica (FOUCAULT, 2002, p. 28).

Tomando como base os conceitos foucaultianos de biopolítica e governamentalidade, a escola moderna não deixa de ser uma instituição disciplinar *stricto sensu*. A materialização desse processo é facilmente identificável no recente fenômeno da pedagogia do *fitness*. Cesar e Duarte (2009) identificam, na disseminação de políticas públicas de combate à obesidade infantil e promoção de um estilo de vida fisicamente ativo na escola, o objetivo de fabricar corpos hábeis, ágeis, saudáveis e, principalmente, magros. São formas sutis de convencimento e controle que estabelecem um novo posicionamento dos sujeitos diante de seu corpo segundo os ditames autogerenciais da sociedade neoliberal.

> **Sociedade neoliberal:**
> O neoliberalismo, segundo Therborn (1995), pode ser entendido como um conjunto particular de receitas econômicas e programas políticos que tiveram seu início nos anos 1970. Tais iniciativas foram inspiradas nas obras de Milton Friedman e Friedrich Hayek e desencadearam modificações nas relações institucionais entre o mercado e o Estado e entre as empresas e os mercados, definindo o processo que refletiu uma transformação estrutural na história do capitalismo.

Centrar a atenção nos conceitos de 'capital humano', de 'sociedade empresarial' e de mercado competitivo [...] assumindo-os como novas instâncias normativas da padronização, da veridicção e da gestão dos comportamentos da população. Sobretudo a partir do conceito neoliberal de capital humano, a anterior figura moderna do sujeito sujeitado por meio de práticas institucionais disciplinares acabou por dar lugar, no pensamento de Foucault, a um novo produto subjetivo, aquele oriundo dos comportamentos, das práticas, e dos discursos do sujeito que responde às exigências e às demandas variadas do mercado econômico (CESAR; DUARTE, 2009, p. 121).

A sociedade não mais baseada na atuação estatal, mas sim no mercado competitivo encarrega-se da produção de subjetividades e verdades, estabelecendo os padrões de normalidade. O Estado-nação vem sendo suplantado por forças globais que, por meio do modelo de consumo, ampliam seus limites até a escola, instituição que constitui o moderno paradigma do governo de corpo e da disciplinarização. A nova pedagogia do controle subverteu o conceito de escola disciplinar e configurou maneiras mais eficazes de governamento, com a intenção de produzir o novo sujeito deséjável – moral, flexível, tolerante e autônomo, dotado de um belo corpo, excelente saúde e capacidades cognitivas formidáveis.

> **Governamento:** Para Foucault, governamento é a forma de poder exercida pelo Estado que tem, por objetivo principal, a população.

César e Duarte (2009) denominam pedagogia do *fitness* o conjunto de saberes, práticas e discursos que propagam a padronização dos corpos em boa forma, capazes de performances satisfatórias. A união das técnicas de governamento estatal com as técnicas biopolíticas neoliberais dirigidas pelo mercado econômico tem por objetivo formar sujeitos empreendedores, por meio do ensino de conteúdos relacionados à nutrição e a prática de atividades físicas para que possam adquirir e manter níveis elevados de condicionamento cardiovascular. O ideal de

Capítulo 2 A educação corporal   41

corpo traduzido por algumas propostas de Educação Física é aquele almejado pelas elites que frequentam os espaços privados visando obter determinada silhueta. Regulam-se as práticas corporais e alimentares e as rotinas diárias dos alunos, moldando seus corpos e subjetividades. Os resultados são visíveis e facilmente avaliáveis em termos morais, afinal, alcançar os objetivos impostos implica em mostrar-se disposto, esforçar-se e ser persistente.

Mas há quem diga que, no âmbito escolar, o corpo não é somente objeto de contenção, controle e disciplinamento, mas também de expressividade. O corpo é a forma que o sujeito tem de manifestar-se e agir no mundo – e, sob esse aspecto, o movimento é expressão das emoções e pensamentos, é uma linguagem. A escola como um todo utiliza essa referência ao fazer uso da imobilidade física como mecanismo de punição; em contrapartida, oferece a liberdade de movimentos como recompensa para aqueles que demonstram o comportamento esperado. É comum a repressão à soltura dos corpos e a restrição dos movimentos aos limites estipulados nas aulas de Educação Física.

No sentido oposto, há propostas que organizam e desenvolvem experiências corporais construtivas do ponto de vista emocional. Nelas, os alunos vivenciam situações que permitem sentir a potência da vida por meio de seus próprios corpos. Isso é possível mediante a exploração da diversidade e do caráter expressivo dos gestos.

O sujeito é capaz de apreender e conhecer o mundo pelo seu corpo e

> *seguirá viviendo toda su existencia no sólo en el cuerpo, sino con el cuerpo y, de alguna manera, desde el cuerpo y a través del cuerpo. [...] El hombre tiene un cuerpo, el cual está capacitado para moverse, hecho para moverse. Gracias al movimiento el hombre aprende a estar en el espacio"* (PÉREZ-SAMANIEGO; GÓMEZ, 2001, p. 1).

Esses autores se apoiam no filósofo Jean-Paul Sartre para afirmar que o corpo e suas vivências, incluindo a expressividade, são os principais meios pelos quais o sujeito toma consciência dos outros, de si mesmo e do seu entorno.

A Educação Física na escola terá cumprido seu papel caso substitua a preocupação de fabricar pessoas bem ajustadas mediante a padronização dos corpos por situações didáticas que possibilitem aos alunos experimentar a própria corporeidade, situando-a criticamente no contexto das práticas corporais. Trata-se de não restringir a função do componente à introdução e à daptação dos

Jean-Paul Sartre: O existencialismo de Sartre procura explicar todos os aspectos da experiência humana. Diferentemente do restante das coisas, no caso humano, a existência precederia sua essência.

estudantes à sociedade, de promover a análise da cultura corporal e, ao mesmo tempo, problematizar sua ocorrência social, superando a reprodução de modelos predeterminados.

O corpo não pode mais ser objeto inocente de manipulações. O objetivo do trabalho pedagógico é justamente compreendê-lo como "palco de contradições que refletem as condições concretas de existência e também numa possibilidade de enfrentamento e luta contra as regras dominantes em nossa sociedade" (LAZZAROTTI FILHO; BANDEIRA; JORGE, 2005, p. 147), sem ignorar a existência de normas, mas buscando torná-las justas e igualitárias para que deixem de ser dominantes e parem de incitar práticas que reforçam mitos e preconceitos impregnados, como "a competição predatória e a vitória a qualquer custo, o individualismo, o sexismo, o consumismo, a acriticidade" (SILVEIRA; PINTO, 2001, p. 140).

La selección y el diseño del currículum deberían plantearse desde principios éticos vinculados al sentido de ciudadanía, es decir, a los valores en los que se basa la convivencia democrática [...] avanzar en la conceptualización de la dimensión social y experiencial del cuerpo y el movimiento parece necesario (pero no suficiente) para ahondar en su tratamiento educativo (PÉREZ-SAMANIEGO; GÓMEZ, 2001, p. 6).

Outra função inexorável da Educação Física é ressignificar o corpo, transcendendo o estereótipo construído na contemporaneidade. Deve-se formar criticamente o aluno, intervindo de maneira a levá-lo a reconhecer as diferenças, o seu corpo e o do outro. Isso está na contramão daquelas situações que sedimentam a "visão de corpo como uma superfície de inscrição de eventos, práticas e relações de poder" (GONÇALVES; AZEVEDO, 2007, p. 68). O corpo é fruto de uma construção social e histórica que carrega em si um desafio sociopolítico e econômico.

Pensar em práticas escolares contra-hegemônicas significa pensar em formas alternativas de organização curricular. É a partir do currículo que a comunidade escolar cultiva o sentido de cidadania e os valores que regem a convivência democrática. Por meio do currículo, de modo explícito, oculto ou sutil, o espaço escolar assume a responsabilidade de levar os alunos a adotar ações não excludentes, a construir uma sociedade menos desigual, a reconhecer as diferenças e a fazer trocas culturais que formarão identidades corporais distintas.

Historicamente, a Educação Física submeteu-se às políticas de corpo oficiais, cumprindo bem seu papel de agente a favor dos grupos dominantes. Daolio (2005) descreve a eficácia simbólica do componente na busca por aptidão física, saúde ou rendimento atlético, geralmente esportivo, ensinado de maneira rígida e disciplinar. Aos poucos, essas intenções foram revistas a partir de conhecimentos psicobiológicos. Durante um longo período, a preocupação voltou-se para a elaboração e a aplicação de técnicas que levassem o corpo do aluno a realizar movimentos mais econômicos, em contraste com a ausência da reconstrução das práticas corporais socialmente disponíveis e a atenção a seus significados culturalmente construídos.

Por meio do olhar antropológico, Daolio explica que a humanidade agrega características gerais comuns de modos distintos, o que possibilita enxergar os aspectos culturais, sociais e individuais presentes nas práticas corporais e nos comportamentos dos alunos – marcando-os como dessemelhantes uns dos outros. Eis o contraponto ao olhar biológico que estabelece arquétipos de aptidões e capacidades, possibilitando a classificação dos estudantes e objetivando desempenhos motores específicos.

A contribuição das ciências humanas para a discussão do corpo não se encerra na vertente antropológica. No século XXI, foram agregados os aportes conceituais dos Estudos Culturais. Sendo a cultura um campo de lutas para validação de significados disseminados por meio da linguagem, a gestualidade característica das práticas corporais passou a ser vista como forma de veicular os sentidos que lhes foram atribuídos pelos seus representantes com base em determinadas relações de poder. A partir daí, é correto afirmar que as práticas corporais, enquanto textos culturais, **estão impregnadas de marcadores sociais de etnia, religião, classe, gênero, entre outros, podendo ser lidas e produzidas de diversas maneiras, dependendo da posição que o sujeito ocupa no emaranhado social.**

As concepções antropológica e cultural permitem pensar em uma proposta de Educação Física capaz de abranger o conhecimento popular, midiático, elitista, nacional, estrangeiro etc., em suas variadas formas. Se for adotado o pressuposto de que o espaço escolar é território de ação política para a formação de sujeitos da sociedade, há de se prezar pela reconstrução crítica do patrimônio cultural corporal, valorizando as singularidades das diferenças. O corpo carrega diferenças nas suas marcas e gestualidade, portanto, além de constatar a diversidade cultural, a

Estudos Culturais: O Capítulo 6 situa o campo teórico dos Estudos Culturais e estabelece algumas relações com o ensino da Educação Física.

Textos culturais: Costa (2002) define a expressão como uma variada e ampla gama de artefatos que contam coisas sobre si e sobre o contexto em que circulam e que foram produzidos. Os textos culturais são produtos culturais, o local onde o significado é negociado e fixado, em que a diferença e a identidade são produzidas e fixadas, em que a desigualdade é gestada.

democratização da sociedade passa, obrigatoriamente, pela promoção do diálogo entre as culturas representadas pelas práticas corporais. Por conseguinte, as atividades de ensino da Educação Física devem levar em consideração a herança cultural corporal da comunidade.

Com isso,

> *[...] afirma-se que todos os alunos possuem conhecimentos construídos socialmente que precisam ser reconhecidos e ampliados pela escola, o que, na prática, significa trabalhar a partir das culturas dos alunos num entrecruzamento com a cultura escolar (NEIRA, 2008, p. 82).*

Sob a gestão das diferenças no espaço escolar, as práticas corporais assumem caráter identitário ao oferecer uma gama de características que diferenciam os alunos no âmbito da etnia, classe social, gênero, religião, local de moradia etc. Rodrigues (2009) vai na mesma direção. Concebendo o corpo como constructo cultural, sugere apreendê-lo como elemento capaz de promover o conhecimento de si mesmo no aspecto da cultura corporal. O autor propõe que o aluno elabore as práticas corporais a partir de seu prisma cultural, sendo capaz, portanto, de expressar-se – no contexto escolar – de maneiras que extrapolam a cultura dominante.

Quando se projetam ações que abarcam as diferenças culturais, invariavelmente há de se pensar em propostas que englobem a diversidade. Enquanto agente da biopolítica, a Educação Física deve assumir uma forma menos hierárquica e vertical a respeito do tratamento destinado às práticas corporais. Essa postura colide com a noção de cultura corporal como mero objeto de ensino prescrito e passa a incorporá-la em termos de produção.

Produção: Esta noção é desenvolvida no Capítulo 5.

Para superar a concepção transmissiva que caracteriza as propostas que pouco dizem respeito à diversidade que coabita o tecido social, é fundamental a participação efetiva dos professores na construção curricular, mediante a elaboração e organização de atividades de ensino que afirmem uma representação de escola como espaço-tempo de interação cultural. O que se pretende, de certo modo, é que a educação possa levar em consideração os saberes dos vários grupos presentes na sociedade e romper com o eixo política-poder-cultura que tem conferido exclusividade a uma noção bastante restrita de cultura corporal.

REFERÊNCIAS BIBLIOGRÁFICAS

ALBUQUERQUE, L. M. B. A cultura como vocação. **Revista Motriz**, Rio Claro, v. 9, n. 1, p. S29-S32, jan./abr. 2003. Suplemento.

BECKER, B. El cuerpo y su implicancia en el area emocional. **Lecturas en Educación Física y Deportes**, Buenos Aires, ano 4, n. 13, mar. 1999.

BOURDIEU, P.; PASSERON, J. **A reprodução**. Rio de Janeiro: Francisco Alvez, 1975.

CESAR, M. R. A.; DUARTE, A. Governo dos corpos e escola contemporânea: pedagogia do *fitness*. **Educação & Realidade**, Porto Alegre, v. 34, n. 2, p. 119-134, maio/ago. 2009.

COSTA, M. V. Poder, discurso e política cultural: contribuições dos Estudos Culturais ao campo do currículo. In: LOPES, A. C.; MACEDO, E. (Org.). **Currículo:** debates contemporâneos. São Paulo: Cortez, 2002.

DAOLIO, J. A Educação Física escolar como prática cultural: tensões e riscos. **Pensar a Prática**, Goiânia, v. 8, n. 2, p. 215-226, jul./dez. 2005.

FOUCAULT, M. **Vigiar e punir:** nascimento da prisão. Petrópolis: Vozes, 2002.

FREYRE, G. **Sobrados e mucambos:** a decadência do patriarcado rural e desenvolvimento do urbano. Rio de Janeiro: José Olympio, 1981.

GOELLNER, S. V. Imperativos do ser mulher. **Revista Motriz**, Rio Claro, v. 5, n. 1, p. 40-42, jun. 1999.

_____. Resenha do livro *Corpo e História*. **Revista Brasileira de Ciência do Esporte**, Campinas, v. 23, n. 2, p. 207-210, jan. 2002.

GÓIS JÚNIOR, E. Descontinuidades e continuidade do movimento higienista no Brasil no século XX. **Revista Brasileira de Ciência do Esporte**, Campinas, v. 25, n. 1, p. 41-54, set. 2003.

GÓMEZ, W. M. El cuerpo en la escuela: los dispositivos de la sujetación. **Currículo sem Fronteiras**, Porto Alegre, v. 9, n. 1, p. 159-179, jan./jun. 2009.

GONÇALVES, A. S.; AZEVEDO, A. A. A ressignificação do corpo pela Educação Física escolar, face ao estereótipo construído na contemporaneidade. **Pensar a Prática**, Goiânia, v. 10, n. 2, p. 201-219, jul./dez. 2007.

LAZZAROTTI FILHO, A.; BANDEIRA, L. B.; JORGE, A. C. A educação do corpo em ambientes educacionais. **Pensar a Prática**, Goiânia, v. 8, n. 2, p. 141-161, jul./dez. 2005.

LIMA, F. M.; DINIS, N. F. Corpo e gênero nas práticas escolares de Educação Física. **Currículo sem Fronteiras**, Porto Alegre, v. 7, n. 1, p. 243-252, jan./jun. 2007.

MARTINS, P. H. As encruzilhadas do corpo. **Revista Motriz**, Rio Claro, v. 5, n. 1, p. 9, jun. 1999.

MERLO, T. E.; TAVARES, S. F. Cultura corporal e pensamento social brasileiro: modelo contemporâneo e dialéticas. **Conexões** – Revista da Faculdade de Educação Física da Unicamp, Campinas, v. 4, n. 1, p. 64-74, 2006.

NEIRA, M. G. A cultura corporal popular como conteúdo do currículo multicultural da Educação Física. **Pensar a Prática**, Goiânia, v. 11, n. 1, p. 81-89, jan./jul. 2008.

NICOLINO, A. da S. A emergência de uma cultura corporal disciplinadora ou uma proposta de inovação ao corpo civilizado? **Revista Motriz**, Rio Claro, v. 15, n. 2, p. S1-S456, abr./jun. 2009. Suplemento.

NOVAES, C. R. B. Ciência e o conceito de corpo e saúde na Educação Física. **Revista Motriz**, Rio Claro, v. 15, n. 2, p. 383-395, abr./jun. 2009.

OLIVEIRA, M. A. T.; OLIVEIRA, L. P. A.; VAZ, A. F. Sobre corporalidade e escolarização: contribuições para a reorientação das práticas escolares da disciplina de Educação Física. **Pensar a Prática**, Goiânia, v. 11, n. 3, p. 303-318, set./dez. 2008.

OLIVEIRA, R. C. Educação Física e diversidade cultural: um diálogo possível. **Conexões** – Revista da Faculdade de Educação Física da Unicamp, Campinas, v. 5, n. 2, p. 20-31, 2007.

PÉREZ-SAMANIEGO, V.; GÓMEZ, R. S. Las concepciones del cuerpo y su influencia en el currículum de la Educación Física. **Lecturas en Educación Física y Deportes**, Buenos Aires, ano 6, n. 33, mar. 2001.

PINTO, F. M.; VAZ, A. F. Sobre a relação entre saberes e práticas corporais: notas para a investigação empírica do fracasso em aulas de Educação Física. **Educação & Realidade**, Porto Alegre, v. 34, n. 2, p. 261-275, maio/ago. 2009.

PINTO, R. N. A educação do corpo e o processo civilizatório: a formação de "estátuas pensantes". **Conexões** – Revista da

Faculdade de Educação Física da Unicamp, Campinas, v. 2, n. 2, p. 18-41, 2004.

RODRIGUES, R. A formação cultural e o ensino de Educação Física na escola. **Revista Motriz**, Rio Claro, v. 15, n. 2, p. S1-S456, abr./jun. 2009. Suplemento.

SAVIANI, D. **Escola e democracia**. Campinas: Autores Associados, 1992.

SCHNEIDER, O.; FERREIRA NETO, A. Um olhar historiográfico sobre saúde e escolarização no Brasil. **Revista Brasileira de Ciência do Esporte**, Campinas, v. 27, n. 3, p. 73-92, maio 2006.

SILVA, A. M. Elementos para compreender a modernidade do corpo numa sociedade racional. **Cadernos Cedes**, Campinas, v. 19, n. 48, ago. 1999.

SILVA, P. N. G.; GOMES, E. S. L. Eternamente jovem: corpo malhado, ficção televisual e imaginário. **Pensar a Prática**, Goiânia, v. 11, n. 2, p. 197-207, maio/ago. 2008.

SILVEIRA, G. C. F.; PINTO, J. F. Educação Física na perspectiva da cultura corporal: uma proposta pedagógica. **Revista Brasileira de Ciência do Esporte**, Campinas, v. 22, n. 3, p. 137-150, maio 2001.

THERBORN, G. A crise e o futuro do capitalismo. In: GENTILI, P.; SADER, E. (Org.). **Pós-neoliberalismo:** as políticas sociais e o Estado democrático. Rio de Janeiro: Paz e Terra, 1995.

VAZ, A. F. Educação do corpo, conhecimento e fronteiras. **Revista Brasileira de Ciência do Esporte**, Campinas, v. 24, n. 2, p. 161-172, jan. 2003.

3

Cultura juvenil e Educação Física

Cyro Irany Chaim Júnior

Marcos Garcia Neira

O ensino da Educação Física para o público jovem é uma temática pouco frequente na literatura da área. O desinteresse dos estudiosos talvez se deva ao conformismo oculto em posicionamentos como "Não há muito o que fazer, eles já são grandes", ou decorra da sensação de fracasso com relação à atual configuração do Ensino Médio e de seus currículos conteudistas, propedêuticos e afastados das realidades do público escolar.

Comumente, as propostas para esse segmento da Educação Básica partem de características generalistas da faixa e sugerem um rol de conhecimentos "necessários" para atuação na sociedade que, em hipótese, interessariam a todos os alunos em conformidade com seus níveis de desenvolvimento cognitivo, motor e socioafetivo. Ora, o alardeado insucesso da escola com relação à população juvenil é razão mais do que suficiente para rechaçar um trabalho pedagógico apoiado em referenciais psicobiológicos, que fixam as identidades dos sujeitos, esperando que as ações didáticas se desenvolvam a partir de uma explicação universalista.

As marcas que permitem identificar não só os jovens, mas também qualquer pessoa, são mais culturais que maturacionais. É evidente que, enquanto grupo, possuem singularidades, e reconhecê-las é fundamental para, no mínimo, estabelecer boas relações em sala de aula e promover situações didáticas mais adequadas. Isso, no entanto, passa longe da tentativa de regulação embutida nos saberes oriundos da psicologia do desenvolvimento (LARROSA BUENDÍA, 1995). Os grupos de jovens variam e até

Jovem: O uso dos termos "jovem", "juventude" e "juvenil" nesta obra é proposital. Inspirados na teorização cultural, diferenciam-se dos conceitos desenvolvimentistas de adolescente e adolescência.

Referenciais psicobiológicos: Uma primeira tentativa de caracterizar a juventude partiu de explicações deterministas e gerais, apoiadas em justificativas psicobiológicas que, por sua vez, concebiam o período como uma fase transitória, preparatória para a vida adulta, despida de função própria. Uma explicação que, ao mesmo tempo, removia os jovens da infância e os afastava dos direitos adultos. Hall (1904), por exemplo, considerou a adolescência uma época perigosa e trabalhosa, concebendo essas dificuldades »

» como naturais, próprias a um período da vida. As mudanças biológicas geradas durante o período pubertário seriam as responsáveis pelos comportamentos "atípicos".

divergem entre si – há aqueles que trabalham (ou não), que apreciam estilos musicais (ou não), que assumem responsabilidades familiares (ou não), que residem nas periferias das grandes cidades (ou não) –, e isso é o que permite pensar em culturas juvenis no plural, dificultando a produção de uma teoria suficientemente abrangente para lidar com todas elas.

A variedade, todavia, não impede que se analisem algumas marcas perceptíveis na juventude. A mais proeminente é a capacidade de renovar-se, o que muitas vezes é interpretado como transgressão. Transgredir, passar dos limites, escapar à conformidade, ao que está posto, romper com aquilo que de certa forma representa uma noção de cultura parece ser um traço distintivo das culturas juvenis. Tal ruptura é a ponte que permite a travessia de uma existência prosaica para uma existência poética mesmo que por curtos intervalos. Não se trata da poesia no sentido literário, mas da poética no sentido de desvincular-se de uma vida banal e prosaica (MORIN, 1998).

O mundo poético é o mundo da fantasia, do simbólico, da imaginação; é o mundo extraordinário que se descola das atividades desagradáveis e impulsiona o sujeito para um novo universo de encantamento e alegria, lúdico em si. É o caso da experiência amorosa, da paixão, do contato com a pessoa amada, que torna o mundo colorido, fazendo desaparecer obrigações, sacrifícios, compromissos, depressão, estresse e tristeza, para dar lugar à beleza da vida.

Prosaico é o cotidiano, a rotina do trabalho e da casa, os compromissos familiares, as obrigações de toda ordem. Prosaica é essa repetição monótona que dá fundamento à própria vida, que a preserva, sendo, portanto, impossível sobreviver sem ela. As atividades do mundo prosaico, por serem objetivas e práticas, têm uma utilidade imediata, rendem algo, que pode ser dinheiro, prestígio ou segurança; suas finalidades são indiscutíveis.

Às vezes, as atividades prosaicas são substituídas brevemente por uma espécie de imersão no mundo poético. A quebra da rotina é o alicerce que sustenta a necessidade prosaica. Não obstante, a incursão em um mundo de poesia também pode ser dramática e bastante infeliz. Tem seus riscos, é preciso coragem para enfrentá-los. Em nenhum outro momento da vida se está tão frequentemente sujeito à realidade poética e à necessidade de transgredir a realidade prosaica como durante a juventude.

É o que ajudou a constituir a ideia de uma fase sublinhada por conflitos, perigos e rompantes de rebeldia.

Uma segunda marca da juventude é facilmente perceptível no discurso de alguns professores que atuam no Ensino Médio, quando manifestam dificuldades e até mesmo desencantos com as respostas dos estudantes ao seu trabalho e a tudo o que a escola significa. Queixam-se da indisciplina, da falta de interesse e do desrespeito, afirmam que os jovens de hoje em dia são intratáveis, diferentemente do que acontecia "na sua época", e passam a impressão de que, se fosse dada opção a eles, prefeririam trabalhar com as etapas iniciais da escolarização, pois as crianças aparentam ser mais dóceis.

O debate "juventude atual *versus* juventude de antes" é bem mais complexo do que fazem parecer as explicações deterministas apoiadas em uma nostalgia meio fora de moda. Aquele passado saudoso, quando as coisas funcionavam da "forma correta" e no qual, submetidos a determinada pedagogia, os jovens se civilizavam, aprendiam a enfrentar desafios, respeitavam os outros e se preparavam para o mundo do trabalho, ainda nubla o imaginário docente, mesmo que a imensa maioria dos professores em atuação não tenha vivido tais experiências.

Com respeito a essa época, é importante lembrar que os modelos educativos tradicionais estavam em consonância com o tipo de homem e mulher que a sociedade desejava formar. Crianças e jovens eram levados a interiorizar determinadas normas, condutas e valores por meio de uma educação que recorria a silenciamento, medidas punitivas e até exclusão daqueles que não provinham dos estratos sociais dominantes. Surpreende o fato de que esses procedimentos sejam defendidos com a alegação de que são a única maneira de garantir a boa educação. Os princípios que muitos educadores reclamam alinhavam-se a expectativas sociais voltadas para a formação de um sujeito obediente, submisso, disciplinado e acrítico frente a autoridades públicas e paternas (TORRES SANTOMÉ, 2006).

Cada visão de mundo está vinculada à linguagem do grupo que lhe corresponde. Por muito tempo, a escola valorizou e transmitiu exclusivamente a linguagem oficial, propagando ideologias e modos de vida mediante posturas conscientes e inconscientes. Sabe-se que as experiências escolares constroem subjetividades por vezes bastante dolorosas. Alguns se depararam com segregação, vergonha, sensação de fracasso ou inabilidade de seus corpos apenas por não se adequarem à cultura escolar. O professor, investido do poder que a sociedade lhe outorgava, podia, em certa medida, garantir a disciplina "adequada" às aulas. Sob influência do estigma e da leitura homogênea provenientes da sensação de que o jovem era um personagem desajustado, os métodos adotados pareciam funcionar relativamente bem quando se tinha em mente o simples disciplinamento. O que o discurso saudosista costuma esquecer é que o fantasma da evasão assombrava, principalmente, as camadas populares. "Não se adaptou" ou "Não nasceu para estudar" soavam como ladainhas proferidas para confortar os espíritos daqueles que deveriam proteger e ajudar os mais vulneráveis, que, talvez por isso mesmo, se rebelavam.

A visão do jovem como indócil e perigoso servia à implementação de pedagogias e medidas educativas que apenas reforçavam uma visão essencialista de juventude. Mesmo que renegado pelos estudos antropológicos da primeira metade do século XX, tal reducionismo consolidava um sentido único ao atribuir à população juvenil a responsabilidade por excessos e enfrentamentos de toda ordem. Paradoxalmente, ao mesmo tempo que a juventude acaba fazendo parte dos denominados "problemas sociais", há um crescente esforço para prolongar a jovialidade dos adultos por meio de cirurgias, vestimentas, produtos farmacológicos, novos hábitos, alimentação específica etc., sob a máxima de que é preciso aproveitar a vida.

A questão é que, ao resumir a juventude a um estado de rebeldia, agitação, paixão e crescimento, desconsideram-se outros modos de defini-la e vivê-la. Existem tantas formas de ser jovem como de ser velho, criança ou adulto, sem esquecer que não passam de classificações socioculturais. Qualquer definição das denominadas "fases da vida" (infância, juventude, maturidade e velhice), assim como suas fronteiras, são discutíveis e sujeitas a revisão (ARIÈS, 1986).

Outro estigma que recai na juventude é a concepção de fase preparatória, de tempo para aprendizagem de códigos e responsabilidades do mundo adulto; um período em que o sujeito é despido da inocência infantil, mas ainda não tem direito a obter o reconhecimento social do adulto. A contradição instaura-se quando se compara essa característica às anteriores. A juventude é tida simultaneamente como elemento-chave do mecanismo de continuidade e reprodução social e também como ameaça a essa maquinaria. Ela é depositária dos melhores projetos de futuro e responsabilizada pela derrocada da sociedade. Sendo tratada como uma etapa de hiato, um vir a ser com metas projetadas para o futuro, termina por negar ao jovem uma identidade própria.

Capítulo 3 Cultura juvenil e Educação Física   53

No intervalo criado para a preparação das funções sociais futuras, entre a fase inicial da infância e a idade adulta, estabeleceu-se historicamente um processo no qual a sociedade preconiza condições singulares de existência transacional, denominado socialização. Os diferentes rituais e as atividades específicas envolvidos na socialização dependem da complexidade das experimentações requeridas e das agências socializadoras (família, escola, igreja etc.). Em diferentes contextos, a concepção e a caracterização do jovem ocorreram de maneira desigual, o que implica a aceitação de que sua incorporação à fase adulta e seu papel social variam conforme a cultura.

Sobre esse assunto, é bem interessante observar o funcionamento desses processos em outros grupos sociais. Pode-se citar, por exemplo, as sociedades indígenas:

> *O corpo dos jovens está apto para a procriação e em seu processo educativo já treinou a aquisição das habilidades práticas pertinentes ao seu gênero sexual; portanto, cabe à sociedade promover sua transformação em adulto. Neste sentido, para completar sua socialização, essa passagem é realizada através de um ritual de iniciação (RANGEL, 1999, p. 150).*

Os rituais de iniciação dos jovens são comuns em diversos povos e podem durar de um a cinco anos, a depender da sociedade. Ao completar o ciclo ritual, a criança será adulta e estará pronta para casar, procriar e realizar a reprodução social. Em muitos casos, o ritual de iniciação encerra-se com a cerimônia de casamento.

Entre os índios xavantes existe a *casa dos solteiros*. Os rapazes saem do convívio com os pais e se mudam para um lugar que fica à vista de todos, onde permanecem em grupos por cinco a seis anos. Eles podem receber das mães e irmãs alimentos que serão repartidos com os demais, devem ser recatados e evitar o contato com as mulheres. Nesse período, participam de atividades voltadas para o desenvolvimento das qualidades prezadas em seu meio social (força, resistência, agilidade, destreza e agressividade) e a aprendizagem de técnicas de defesa, caça, pesca, agricultura e confecção de instrumentos de trabalho e ornamentos pessoais.

A iniciação das jovens tupinambás realiza-se a partir do primeiro fluxo menstrual (*nhemôdigara*), quando são submetidas a rituais em que devem suportar provações estipuladas pela tradição: corte de cabelo com pente de peixe, retalhação da pele das costas, resguardo e jejum de três dias. Comem pouco e realizam pequenos trabalhos manuais até a chegada da segunda menstruação. Em seguida, são educadas nas tarefas domésticas sob vigilância e cuidado das mulheres mais velhas. Só então podem ser dadas a um homem. O ritual de iniciação implica a observância dos ritos de morte e renascimento. No início da cerimônia, a jovem é tratada como morta para depois ser encarada como um novo ser, dotado de qualidades e capacidades especiais (LOPES DA SILVA, 1992).

Outras sociedades também apresentam seus ritos de passagem, como a festa de debutante realizada para as jovens no seu 15º aniversário, o *bar mitzvah* da tradição judaica, a crisma do catolicismo, ou os diversos ritos de um passado recente em que meninos urbanos de classe média ou alta esperavam ansiosamente pelo momento de usarem calças compridas e as meninas de se maquiarem. Em muitos grupos sociais, ainda perduram o direito de chegar mais tarde em casa conferido pela posse da chave da porta de entrada ou a autorização para dirigir o automóvel da família.

Alguns desses ritos foram recorrentemente interpretados a partir dos anos 1960. As tendências típicas desse período os concebem como respostas adaptativas obrigatórias, dado que os sujeitos têm de mudar de posição no sistema em que vivem. Desse ângulo, os rituais seriam elaborações sociais secundárias com a função de amenizar os conflitos gerados pela transição para a vida adulta, passagem inevitável, difícil, problemática e conflituosa em qualquer sociedade humana (DAMATTA, 2000).

O fato é que os debates em torno da juventude geralmente regurgitam uma lista de características essencializadas, frequentemente adjetivadas como problemáticas, envolvendo tensões entre o mundo juvenil e a sociedade em geral, que são marcadas como "ausências" daquilo que seria socialmente "adequado" – (in)disciplina, (i)maturidade ou (ir)responsabilidade –, cujos desfechos, ao menos para os adultos, só podem ser ruins: abuso de drogas, gravidez precoce, violência, criminalidade, acidentes e desvios. A ideia de juventude enquanto momento de transição foi reforçada por diversos estudos da psicologia do desenvolvimento, quando definiram a etapa como perigosa e árdua: período de instabilidade; conflitos internos e comportamentos irregulares causados pelo aumento dos desejos naturais; fase preparatória para a maturidade; compasso de espera para que os jovens exerçam papéis adultos; e "moratória social".

O componente polêmico é justamente a forma da passagem da infância para a vida adulta. Quanto mais a infância é encarregada de preparar o futuro, mais ela se prolonga. Isso força a invenção da juventude, nada mais que um derivado da criança moderna. É uma etapa da vida em que o ser humano perde suas características infantis, mas ao mesmo tempo não recebe o *status* de adulto. O problema dessa definição pautada na matriz psicobiológica reside na dificuldade de estabelecer os limites entre infância e juventude e entre juventude e maturidade.

Frutuoso e Alvarenga (2005) entrevistaram jovens a respeito do ingresso no mundo do trabalho. Atribuíram a dificuldade identificada por ocasião da escolha de uma carreira profissional à "falta de maturidade" que, no entender dos pesquisadores, caracterizaria esse grupo. O aspecto curioso diz respeito à faixa etária média dos entrevistados, que beiravam os 25 anos de idade. A conclusão do estudo é que os comportamentos juvenis "típicos" estão se estendendo, provavelmente impulsionados pelas novas condições sociais, tais como a diminuição do número de postos de trabalho, exigências elevadas para os cargos bem remunerados, aumento do custo de vida, propagação de um estilo consumista pelos meios de comunicação etc.

Analisando o material, primeiramente, há de se levar em consideração que posicionamentos desse tipo são rapidamente absorvidos pelo senso comum, o que corrobora visões distorcidas da juventude atual. O estudo apresenta fragilidades, pois, se os mesmos dados forem interpretados a partir da teorização cultural, provavelmente seriam vistos como formas específicas de viver a juventude, traços de uma cultura juvenil partilhada por sujeitos pertencentes a determinado estrato social. Caso os participantes da pesquisa pertencessem a setores desprivilegiados economicamente, os dados obtidos certamente seriam outros. Logo, afirmar que falta maturidade a alguém porque ainda não fez sua opção profissional significa dizer que existe uma idade correta para essa decisão. O que soa um tanto exagerado quando já se sabe que grupos diferentes atribuem significados distintos a práticas sociais, entre elas, o trabalho.

No emprego de termos como "maturidade", "características universais" e "jovem típico" reside certo anacronismo, uma vez que os argumentos que lhe dão sustentação caíram por terra há quase oitenta anos. O trabalho de campo realizado

> Teorização cultural: A expressão é utilizada como sinônimo de análise cultural ou análise a partir dos Estudos Culturais. Nesse campo teórico, a cultura é um território de confronto entre os diferentes grupos sociais em torno da significação. Examinar qualquer fato a partir da teorização cultural implica trazer à baila outros pontos de vista, talvez esquecidos ou ocultados propositadamente. No limite, trata-se de identificar e desconstruir as relações de poder que se encontram camufladas naquilo que se está observando.

Margaret Mead: Na obra publicada originalmente em 1928, Mead relata seu estudo com 68 jovens residentes em uma aldeia na ilha de Tau, em Samoa. Procurou investigar se os distúrbios que angustiavam os jovens estadunidenses deviam-se à natureza ou à cultura. Chegou à conclusão de que a juventude se moldava à cultura. A passagem da infância à maturidade se dava suavemente sem os conflitos que caracterizavam a mesma fase nos Estados Unidos. Um dos grandes méritos da antropóloga foi escrever para o grande público, que ficou bastante incomodado ao saber que as jovens samoanas retardavam o casamento ao máximo e, enquanto isso, envolviam-se em variadas experiências sexuais. Tal comportamento desaparecia completamente quando se casavam.

pela antropóloga estadunidense Margaret Mead (1973) trouxe elementos inquestionáveis acerca da construção cultural da juventude. Seus relatos descrevem uma sociedade que habita as ilhas Samoa, na Oceania, em que as crianças experimentam uma transição gradual para a idade adulta de forma fácil e feliz. Nessa sociedade, os jovens aprendem a resolver seus conflitos e a discuti-los abertamente, sem que sejam assombrados por tormentos nem por tensões.

Entretanto, a condição juvenil enquanto fase da vida situada entre a proteção socialmente exigida para a infância e a emancipação esperada na maturidade tem suas singularidades. A ligação com a sexualidade, as relações de gênero, o estabelecimento de laços duradouros com membros externos ao grupo familiar, a educação escolarizada, a iniciação profissional e a religião são apenas alguns entre tantos aspectos que assinalam a riqueza, a diversidade e a complexidade da construção social da juventude, mediante um acesso cada vez maior às instituições sociais.

Desde a família, as instituições frequentadas pelos jovens se configuram como ambientes estruturados por escalonamentos. Por meio de regras próprias que demarcam limites e disciplinam sentimentos e afetos, uma pessoa passa a fazer parte de unidades maiores e reconstrói laços de pertencimento: garota, aluna do Ensino Médio e cristã são alguns dos inúmeros qualificativos possíveis que estabelecem limites e indicam referências a serem seguidas. O problema se estabelece quando os valores individualistas disponíveis na sociedade contemporânea geram contradições, pois se contrapõem à hierarquização que distingue normas e exigências ensinadas por família, escola e igreja.

Tome-se como exemplo o caso da escola. Muitos jovens pertencentes aos grupos minoritários não se iludem, resistem explicitamente ao "mito da escolaridade", pois não reconhecem essa instituição como meio de "ascensão" social. Sabem que é, no máximo, uma alternativa para o ingresso no mercado de trabalho, talvez em uma posição um pouco melhor do que aquela que seus pais conquistaram. Na verdade, é difícil alimentar esperanças quando ninguém do próprio convívio foi bem-sucedido por essa via. Em tempos pós-modernos, o futuro fracassa na oferta de possibilidades para as pessoas que pertencem a determinados setores sociais concretizarem aspirações. Uma vez que seus projetos estão ausentes do horizonte, viver o momento torna-se o mais importante, quando não a única coisa a fazer. A busca por excitações, excessos, experiências e relações celebra as múltiplas sensibilidades das culturas juvenis, mirando um futuro sem futuro, desgovernado pelo princípio da incerteza. O risco é um recurso para transcender a natureza prosaica do cotidiano, uma forma de diversão. Tem o poder de valorizar o jovem que o confronta e o desafia; é o que leva muitos a pensar em aproveitar a vida sem ter de se preocupar com o futuro.

A escola faz parte do mundo prosaico, é apenas casual, não tem desafios. Esse pode ser o motivo de os jovens faltarem às aulas ou, mesmo presentes, parecerem ausentes. Afinal, a escola não abre espaços para suas vontades poéticas. Os jovens não se identificam com os modelos pedagógicos prescritivos, que se arvoram o direito de prever como será o futuro. Nesse contexto, as ameaças de um porvir sem um lugar digno na sociedade – algo como "a continuar desse jeito, onde vocês vão trabalhar?" – não fazem o menor sentido. Suas culturas reclamam a inclusão, o pertencimento, o reconhecimento, o aqui e agora. Já é tempo de ouvi-las, interagir com elas e aprender.

Nestes tempos, o mercado laboral se complexifica e se torna mais competitivo dia após dia com o surgimento de novas ocupações, desencadeando o esfacelamento das expectativas de estabilidade e segurança. Outras instâncias da vida experimentam o mesmo fenômeno. Nas artes, as manifestações se multiplicam; na informática, criam-se a todo instante formas de comunicação que exercem um fascínio crescente sobre as pessoas. Enfim, é difícil pensar em algo restrito, simples, pequeno, sem variações nem opções, que não atraia nem envolva muita gente.

O universo das práticas corporais é bem ilustrativo. O leque disponível de brincadeiras, danças, lutas, esportes e ginásticas é cada vez mais amplo. Para ficar em apenas um caso, basta verificar a recente eclosão de esportes radicais. A vivência traduz a intenção de superar limites vista como válvula de escape de um cotidiano prosaico. Quais serão os significados atribuídos pelos praticantes? As modalidades são tantas e tão variadas (arvorismo, *bungee jumping*, *kitesurf*, *lacrosse*, *paintball*, *parkour*, acrobacia aérea, voo livre, *snowboard*, BMX, *skate*, balonismo, corrida de aventura, rapel, *rafting*, paraquedismo, entre outras) que comportam sentidos muito diversos. Entre seus praticantes, há quem pretenda ter uma vida mais saudável, combater o estresse, conquistar certa estética corporal. Tudo isso sem abrir mão do contato com a natureza e da sensação de vertigem que essas práticas provocam (NEIRA, 2015).

A epifania dos esportes radicais nada mais é do que uma resposta às exigências atuais por modelos de sujeito baseados no desempenho físico. As ações individuais passam a ser dirigidas com o objetivo de obter forma física melhor, longevidade e prolongamento da juventude. O conceito de corpo perfeito já não é mais calcado na silhueta, mas sim na performance. O corpo jovem tudo pode, tudo consegue, não há como contê-lo. Nesse contexto, estereótipos que discriminam os lentos, os idosos ou quem mais escape do padrão ativo têm efeito estigmatizador e excludente. A obsessão pelo corpo bronzeado, malhado, sarado e "siliconado" faz aumentar o preconceito e dificulta encarar o fracasso de não ser assim, como testemunham as anorexias, bulimias e depressões cada vez mais comuns entre os jovens. Ora, sendo o consumismo um aspecto muito forte da sociedade pós-moderna, pode-se esperar que os jovens se apropriem e recriem as influências da moda, da mídia e da economia, produzindo estilos variados.

Um traço bem interessante é a existência de grupos ou segmentos organizados que falam por parcelas da juventude, sem que estejam autorizados a falar por todos da mesma faixa etária. Aliás, a restrição por idade é algo que não existe. Para os que não têm direito à infância romantizada, porque bem cedo assumem responsabilidades adultas, a juventude começa antes. No outro extremo, com o aumento da expectativa de vida e as mudanças no mercado de trabalho, uma parte acaba por alargá-la até a casa dos trinta anos. Por conseguinte, jovens com idades iguais que militam em prol de causas análogas vivem juventudes desiguais.

Diante do exposto, não há como olhar para os jovens com as lentes da psicobiologia. Ao menos no âmbito educacional, já é tempo de substituir a visão desenvolvimentista por uma perspectiva que perceba os jovens, assim como a própria juventude e suas culturas, como distintos e variados, em íntima relação com as experiências de uma época, de um local e sob as condições em que vivem.

Apesar de tantos argumentos que sustentam uma noção de juventude culturalmente construída, é inevitável que alguém se reporte às vivências pessoais e, erroneamente, generalize os resultados de suas percepções quando fala da própria juventude. É esse raciocínio que faz com que o senso comum aglutine o que é mais frequente nos relatos informais, transformando-os em crenças sem discriminar seus múltiplos vieses, ainda que tudo o que possa ter acontecido a um sujeito esteja sob o jugo do contexto sócio-histórico. A despeito do magnetismo exercido por essa forma de ver as coisas, é sempre útil recordar que isso não passa de uma cilada. Nunca é tarde para lembrar que toda e qualquer vivência sofre influências do período e do meio em que transcorreu.

Durante os anos 1950, esperava-se que uma jovem brasileira da classe média alta, cuja estrutura familiar patriarcal advogava os preceitos cristãos, tivesse comportamentos discretos e comedidos, habilidades para conduzir as tarefas domésticas que lhe eram específicas e, caso desejasse, enquanto solteira, poderia exercer uma profissão adequada. Essa moça talvez tenha experimentado anseios, dificuldades, temores e frustrações pela busca e pela negação desses atributos. O "ritual de preparação" para a vida adulta era vivido, sobretudo, dentro da família e reforçado na escola e na igreja. As qualidades esperadas giravam em torno dos anseios, mesmo que transitórios, do grupo cultural ao qual pertencia.

Uma situação completamente distinta é a de uma jovem contemporânea da classe média baixa, residente em um bairro periférico de uma grande cidade. Suponha-se que ela viva com a mãe e um irmão menor, curse o segundo ano do Ensino Médio e trabalhe em um salão de beleza para ajudar no orçamento familiar; tenha pais divorciados, namorado e vários amigos; frequente o *shopping center* no final de semana e goste muito de dançar. Será possível considerá-la um caso típico?

Os dois "retratos" indicam que épocas e contextos distintos contribuem para a constituição de pessoas diferentes. A reflexão sobre essas questões permite inferir que a juventude é uma categoria social e historicamente definida, vivenciada conforme as condições econômicas, étnicas, religiosas, de gênero etc. As características do segundo caso, embora comuns a uma parcela da juventude brasileira, não se aplicam a todas as jovens da mesma idade. Muitas não trabalham nem estudam. Outras só estudam, fazem cursos complementares e viajam nas férias. Há quem pertença a grupos ligados a artes, esportes, trabalhos sociais etc. Algumas convivem com vários parentes, têm irmãos por parte de pai ou de mãe. Também há jovens que têm filhos ou que ajudam na educação de sobrinhos e primos. Diante de uma variedade tão grande, é fácil concluir que traçar um quadro característico da juventude chega a ser uma tarefa impossível.

Estudo, trabalho, romance, balada e curtição podem fazer parte das condições juvenis de muitos grupos, assim como a

Globalizado: Somente a partir dos anos 1980 o termo "globalização" passou a ser usado para se referir à aceleração e ao aprofundamento do processo capitalista, sobretudo no contexto da emergência e desenvolvimento das políticas econômicas conhecidas como "neoliberais". O termo "globalização" refere-se, primariamente, aos processos econômicos pelos quais o capital tende a agir globalmente – na criação e no desenvolvimento de mercados de bens, no recrutamento de força de trabalho e no fluxo de capitais financeiros. Nesse processo, as instituições políticas do Estado-nação tendem a perder o controle sobre a regulação econômica em favor das instituições financeiras internacionais e do poder econômico das grandes corporações industriais e financeiras. "Globalização" também se refere à uniformização e à homogeneização cultural, sobretudo àquelas efetuadas por meio da mídia – televisão, cinema, música, jornais e revistas. Nessa perspectiva, a globalização tenderia a apagar ou a diminuir a diversidade cultural, em favor da difusão de uma cultura global que reflete, sobretudo, os gostos, os valores e as características da cultura de massa dos países centrais do capitalismo. Nos termos da crítica cultural, pergunta-se »

família e a religião constituem as experiências principais de outros. Apesar da variedade, uma coisa é certa: as diferenças de classe e de renda marcam não só o futuro dos jovens, pelas possibilidades de estudo e formação profissional, como também a qualidade de vida no presente, como moradia, saúde, acesso a bens culturais, práticas de lazer e satisfação dos desejos de consumo. Além desses elementos, fatores como o cotidiano violento, a exposição ao risco, a exploração durante o trabalho e outras experiências degradantes, infelizmente presentes em muitas localidades, também interferem. Todas essas questões em conjunto configuram as marcas da socialização. Fica claro, portanto, que o jovem, assim como a criança ou o adulto, é constituído de uma multiplicidade de experiências que imprimem marcas sociais de etnia, gênero, classe, local de moradia, situação familiar, orientação religiosa etc.

Como ilustração da validade prática dessa assertiva, basta colocar-se no lugar de um professor que atue, simultaneamente, no Ensino Médio matutino em uma escola de classe média alta e na Educação de Jovens e Adultos de um curso noturno em uma escola localizada na periferia de uma metrópole. Nos dois grupos, encontram-se pessoas da mesma faixa etária, mas certamente os conteúdos de ensino, os métodos empregados e os exemplos utilizados serão diferentes. Isso significa que a educação enquanto prática social deve corresponder ao universo sociocultural dos estudantes. No exemplo citado, qualquer educador observará que se tratam de grupos culturalmente diferentes.

A existência de diferentes realidades juvenis leva a concluir que a juventude não é um fenômeno estritamente individual. O reconhecimento da multiplicidade de experiências vividas pelos diversos grupos culturais conduzirá a uma interpretação da juventude como um fenômeno eminentemente plural, em profunda sintonia com o mundo atual, globalizado, desigual e multicultural.

As consequências para a construção das identidades são evidentes. Não há como escapar dessa experiência intensa e fragmentada. Os jovens são interpelados pelos discursos da família, dos meios de comunicação, dos grupos de amigos etc. Simpatizando com determinadas representações postas em circulação e repelindo outras, o sujeito se aproxima de práticas sociais variadas e acaba incorporando os signos de seus participantes e os significados que atribuem às coisas do mundo. Gírias, vestimentas, gestos e discursos podem ser vistos como emblemas de skatistas, *nerds*, roqueiros, funkeiros, *rappers*, bailarinas, esportistas, estudantes, *emos*, patricinhas, *yuppies*, *punks*, pagodeiros etc., todos sujeitos das culturas juvenis. O convívio com as diferenças coloca novos desafios à família e à escola. Preocupadas com a transmissão cultural e com o futuro, essas instituições concentram seus esforços na preparação de sujeitos capazes de exercer plenamente seu papel de adulto.

> » atualmente se o processo de globalização age para tornar visíveis e possíveis identidades culturais diversas e variadas ou para uniformizá-las e homogeneizá-las (SILVA, 2000).

No entanto, por terem menos tempo de vida, os jovens estão em um momento de descoberta de si mesmos e de tudo a sua volta, em busca de novos sentidos e em um exercício efetivo voltado para o presente. Ao desvalorizar ou até mesmo condenar essa busca, a escola deixa de reconhecer as peculiaridades desse momento. Não se pode desconsiderar que o jovem chegou depois ao mundo. Boa parte do que lhe é apresentado foi construída por outros, que insistem em convencê-lo de que este é o "melhor dos mundos". Ao defrontar-se com essa situação, a reação do jovem pode oscilar entre integração e aceitação e descontentamento e vontade de mudança.

Se, de um lado, a família e a escola estimulam o desenvolvimento da autonomia, de outro, a sociedade apresenta ligações com outras pessoas, regras e instituições, mostrando limitações e restrições ao comportamento autônomo. Os produtos da cultura juvenil precisam ser entendidos nesse contexto, às vezes como formas de resistência às limitações impostas pela sociedade dos adultos e, em outras ocasiões, como maneira de forjar uma cultura paralela que se mostra diferente sem, no entanto, afrontar os valores da cultura dominante.

A pós-modernidade habita a contemporaneidade. Vive-se em um mundo pós-moderno no qual homens e mulheres operam mais com signos do que com coisas, em que há preferências pela imagem em lugar dos objetos, pela reprodução do real em vez do próprio real. Os meios de comunicação vêm buscando a simulação perfeita do que existe ao intensificar o real e fabricar o hiper-real, um real que é mais importante que a própria realidade. Eles criam a falsa impressão de que o mundo, nos últimos tempos, é apenas a reunião de eventos hediondos das mais variadas espécies e que a solidariedade e o amor ao próximo são lendas do passado.

O resultado desse processo de desmontagem do real pela mídia é a substituição dos valores construídos pelo humanismo. As mensagens enviadas por jornais, revistas e canais de televisão procuram incutir no pensamento a nova "ordem moral" e a vida, nesse sentido, transforma-se em ilha cercada por um turbilhão de informações aceleradas pelos novos recursos tecnológicos.

Trata-se do estabelecimento da era da cultura de massa, de gerações que crescem sob a vigilância das ideologias do senso comum disseminadas pelos *smartphones*. Não há como evitar que o espaço familiar, o espaço escolar e o grupo de amigos sejam invadidos por discursos e representações transformados em conteúdos para serem consumidos rapidamente com um simples toque.

Os meios de comunicação de massa têm impacto intenso e profundo. O perfil do jovem que circula nas redes sociais e na tela da televisão comumente colide com a realidade. As formas de vestir, comer, passear, viajar e, principalmente, divertir-se, estabelecidas como normais esbarram nas condições financeiras concretas das famílias. Diante de apelos sedutores, como o modelo da beleza corporal, da frivolidade e do descompromisso, o jovem termina por estabelecer um estilo de vida baseado no consumo. A moda agora é ser jovem. Vê-se que a contemporaneidade caracteriza-se pela enorme produção de bens culturais e pela circulação de informações que ocupam um papel de destaque na formação moral, psicológica e cognitiva. Trata-se de uma nova ordem social regulada por um paradigma cultural globalizado que reconfigura constantemente as relações.

É comum o jovem pertencer a um ou mais grupos e, conforme a disponibilidade de recursos, adquirir bens materiais específicos e desenvolver um linguajar característico (SETTON, 2002). A cultura juvenil tem na gíria um valioso artefato. Por seu intermédio, os jovens adquirem representatividade verbal que traduz a luta pela preservação de uma identidade grupal. Movido pelo afã de reconhecer a si e a seus iguais como portadores de uma identidade própria e distinta do mundo adulto em geral, o jovem, mesmo sem perceber, busca sustentar sua própria identidade na fusão daquelas aventadas pelos grupos aos quais pertence. Alguns deles têm como marca distintiva, por exemplo, a preocupação pela aquisição e uso de determinados artigos, como roupas importadas, bonés, tênis, aparelhos eletrônicos etc. Essa postura pode ser atribuída ao neoliberalismo que promove o consumo desenfreado, ao embalo da máxima "ser é ter", moldando corpos e identidades.

Não poderia ser diferente. Os jovens do século XXI foram as crianças que cresceram assistindo à televisão e acessando à internet. Os meios de comunicação de massa veiculam representações da cultura jovem. A subjetividade e o simbolismo emanam signos da pós-modernidade, cujos indícios se constatam em individualismo, indiferença, imediatismo, estética corporal, informatização, morte de ideologias e derrocada de coletivismo, serviços públicos, valores democráticos etc.

Desde os anos 1990, constata-se um crescimento massivo do mercado para o público jovem. Pululam encartes, publicações e programas de televisão que exaltam o ideal jovem. As mídias escrita, televisiva e digital hipervalorizam o corpo e seus significados, disseminando os referenciais estéticos juvenis para os demais grupos. Algo, sem dúvida, digno de nota. Não deixa de ser interessante observar como a silhueta jovem transformou-se em signo que interfere na constituição identitária de crianças, adultos e velhos. Todos querem ser jovens. Procuram falar, vestir-se e agir como eles. A jovialidade tornou-se uma virtude.

Como se pode notar, a sociedade de consumo recorre a todos os meios para seduzir os jovens e criar necessidades fictícias. Aos poucos, o mercado vem preenchendo os espaços deixados pela poética. Há alimentos, academias, perfumes, roupas e até preservativos especialmente produzidos para o público juvenil. Um universo de profissionais, também jovens, invade as redes sociais com todo *glamour* e impacto que isso traz: cantores, atores e modelos seduzem seus admiradores, tornando-se referências na estética e no comportamento. O corpo jovem substituiu o adulto nas propagandas. Ser jovem, nesta sociedade da imagem e do consumo, significa ser saudável, arrojado, inovador, dinâmico, bonito, esportivo, eficaz, competitivo e produtivo, qualidades anunciadas pela lógica neoliberal.

> **Meios para seduzir:** Matéria publicada no *New York Times International Weekly*, em 7 de março de 2015, reporta a mudança da duração das partidas esportivas para torná-las mais atraentes aos expectadores juvenis.

Voltando à cultura juvenil, é fácil constatar que ela constrói, por meio dos seus poderosos mecanismos identitários, um universo específico – linguagens, marcas corporais, vestimentas, práticas sociais e sexuais. A imersão total e o consequente investimento na formação de uma identidade de oposição à cultura dos detentores do poder (os adultos) apenas contribuem para a segregação e o afastamento. Quando um jovem diz "Não adianta conversar com vocês, porque não me entendem", está expressando algo mais do que diferenças de opinião. Ele não está abandonando o modo de comunicação infantil por uma forma adulta de expressão, mas sim reclamando uma identidade linguística peculiar. Nesse sentido, o grupo de iguais é o continente mais seguro para suas ansiedades existenciais (OSÓRIO, 1989).

Na medida em que se negam a adotar como referência os adultos mais próximos, os jovens buscam novas pautas identitárias no próprio grupo e terminam por atribuir aos líderes provisórios uma personalidade idealizada. Dentro da escola, a constituição

Teorias críticas: Essas teorias buscam subsidiar-se nas categorias gerais do materialismo histórico-dialético – movimento, contradição, totalidade e historicidade – para compreender o fenômeno educativo. Configuram-se com base nos movimentos de contestação que agitaram as estruturas sociais na década de 1960 em diversos lugares do mundo (SILVA, 2011). Segundo Lopes e Macedo (2010, p. 24), "Silva entende que em quase toda a literatura crítica moderna é possível encontrar o pressuposto de um sujeito com uma consciência unitária, homogênea, capaz de superar um estado de alienação submetido à dominação para alcançar um estado consciente, lúcido, crítico e, por conseguinte, livre e autônomo". Uma proposta crítica, nos dizeres do autor, mais do que um conjunto de conteúdos listados para a aprendizagem dos alunos, é um percurso de estudos que permite questionar a organização escolar e social existentes, desenvolvendo conceitos que auxiliam na análise crítica da sociedade e dele mesmo. A pedagogia crítica tenciona denunciar os modelos reprodutores do sistema, que mantêm a estrutura social de forma injusta e reforça as relações de dominação de um grupo sobre outro.

Teorias pós-críticas: Tais teorias reconhecem o pensamento crítico e nutrem-se dele. »

identitária juvenil implica, na maioria das vezes, em resistir a valores e códigos da autoridade adulta, o que significa uma combinação explosiva entre as culturas juvenis e a cultura escolar.

O conceito de cultura escolar faz parte das discussões pedagógicas mais recentes, é fruto de investigações sobre o cotidiano educacional baseadas em cruzamentos de teorias, ideologias e práticas sociais diversas. Os estudos sobre cultura escolar têm como foco o currículo, o ensino e a formação de professores e incluem não somente o que se vê e se ouve, como também tudo o que se esconde. É importante lembrar que a teoria educacional tradicional sempre esteve aliada ao visível, ao que pode ser operacionalizado e mensurado (GIROUX, 1997). Com sentidos diferentes, as teorias críticas da educação denunciam a ideologia embutida na cultura escolar, tida como *única e verdadeira*, mal disfarçando sua sede por hegemonia. As teorias pós-críticas, por sua vez, chamam a atenção para a importância da linguagem na constituição da realidade, abrindo espaço para a fluidez e a volatilidade dos discursos.

Sacristán (1999) explica que o informal ultrapassa em muito o planejado e se relaciona profundamente com a cultura realmente vivida nas salas de aula, que, a despeito da heterogeneidade da comunidade escolar, apresenta forte caráter monocultural:

> *A cultura dominante nas salas de aula é a que corresponde à visão de determinados grupos sociais: nos conteúdos escolares e nos textos aparecem poucas vezes a cultura popular, as subculturas dos jovens, as contribuições das mulheres à sociedade, as formas de vida rurais e dos povos desfavorecidos, o problema da fome, do desemprego ou dos maus-tratos, o racismo e a xenofobia, as consequências do consumismo e muitos outros temas e problemas que parecem 'incômodos'. Consciente ou inconscientemente se produz um primeiro velamento que afeta os conflitos sociais que nos rodeiam cotidianamente (SACRISTÁN, 1999, p. 86).*

Um dos problemas mais relevantes da escola é o forte desencontro entre a sua cultura e as culturas juvenis. Enquanto a primeira se alinha ao projeto moderno, as demais dialogam com a pós-modernidade. Mediante uma concepção assimilacionista que valoriza apenas o padrão dominante, a escola nega a existência de linguagens e saberes dos grupos minoritários, assim como de outros meios de apropriação para além daqueles que ela própria consagrou (DÍAZ, 1999).

Os atores do sistema escolar (equipe técnica, direção, professores, alunos, trabalhadores da educação etc.), mesmo compartilhando o ambiente, vinculam-se de formas diferentes à cultura escolar, desenvolvendo saberes, ora comuns, ora específicos, conforme sua posição na teia social e em profunda sintonia com seus contextos anteriores. É essa intersecção de culturas que constitui a vida cotidiana de cada unidade e impossibilita a transferência integral das experiências escolares para o que acontece fora de seus muros. Essa restrição precisa ser ressaltada se o que se pretende é pensar uma escola que prepare para a vida. Sim, a escola é vida, mas é vida escolar. Não é por acaso que alguns alunos desenvolvem condutas desviantes e potencialmente delinquentes, comumente vistas como transgressões. A escola é espaço de expressão da resistência pela contestação verbal e não verbal à autoridade dos professores, pela recusa ao trabalho escolar ou pela participação em atividades proibidas.

A escola assumiu perante a sociedade a função de reconstruir criticamente o patrimônio cultural disponível. Por conseguinte, se a cultura é o conteúdo substancial de todas as formas de educação, sua fonte e justificativa última, não há educação sem cultura. É por meio de construções e reconstruções que a educação se realiza e a cultura se reelabora. Para que isso efetivamente aconteça, a cultura escolar deve interagir com o patrimônio a seu redor. No entanto, muitas instituições educativas fecham-se hermeticamente e deixam do lado de fora o turbilhão de informações e saberes que circulam pelos meios de comunicação de massa, mesmo conscientes de que as gerações que a elas chegam na atualidade cresceram sob a vigilância das ideologias do senso comum.

As manifestações juvenis presentes na maioria das escolas são produtos das linguagens musical, visual e corporal. Os casais abraçados no pátio ou corredores, o grupo de teatro, as pichações e grafites, as danças, os esportes e as brincadeiras materializam esse processo identitário. Tatuagens e *piercings*, por exemplo, refletem atos de poder sobre o próprio corpo e expressam certa vontade de mudança dada sua conotação de diferença estética e recurso de sedução. As culturas juvenis dispõem de uma riqueza de artefatos que podem ser tematizados pela área de linguagens; são textos produzidos por gestos, sons, palavras e imagens.

A tematização desses produtos culturais ressignifica o ambiente escolar, intensifica a reflexão e a crítica e promove a aprendizagem que, em virtude da atribuição de significados, terá nas culturas juvenis um campo de estudo interessante e motivador para

» Por outro lado, questionam seus limites, suas imposições, suas fronteiras, pois entendem que, embora o pensamento crítico possa comunicar uma verdade sobre o objeto bastante aceita pela maioria das pessoas de determinada comunidade, é apenas *uma* das verdades. As teorias pós-críticas colocam em dúvida as noções de emancipação e libertação, tão caras à teoria crítica, por seus pressupostos essencialistas. O pensamento *pós* vai além, pois possibilita a ampliação da investigação do objeto ao validar outras vozes e outros conhecimentos para explicá-lo. O termo *pós* expande as fronteiras da explicação. Em contraste com as teorias críticas, as teorias pós-críticas não limitam a análise do poder ao campo das relações econômicas do capitalismo. Com as teorias pós-críticas, o mapa de poder é ampliado para incluir processos de dominação centrados em etnia, gênero e sexualidade. A prática pedagógica inspirada nas teorias pós-críticas apreende o pensamento crítico e, encontrando seus limites, trava diálogos promissores com outras explicações, arriscando-se a ultrapassar as fronteiras anteriores (SILVA, 2011).

Tematização: Uma discussão mais abrangente sobre a tematização é apresentada no Capítulo 8.

os alunos. Daí a importância dos conhecimentos contextualizados. A única forma de estabelecer uma relação afetiva entre o que se aprende e o que é aprendido. O ponto de partida tem de ser o próprio mundo do aluno, seus interesses, percepções e linguagens. A inserção de leituras sociais e apreciações culturais juvenis na escola transforma a instituição em um rico ambiente multicultural, imprescindível à compreensão das realidades sociais existentes e, principalmente, vividas pelos estudantes.

O mundo caminha para uma civilização planetária, na qual a convergência entre as culturas não significa a eliminação das diferenças; pelo contrário, quando há disposição de complementaridade e harmonia recíproca, o produto final é digno de admiração. Aos poucos, a sociedade se habitua a intercâmbios culturais, o que lança obstáculos ao monoculturalismo que, ao longo dos séculos, marcou a instituição escolar (LEOCATTA, 2000).

Corti, Freitas e Sposito (2001) relatam que, tristemente, em muitas escolas, pouco se faz para criar situações de interlocução com os jovens. Ora, o primeiro passo para o diálogo é reconhecer o outro enquanto sujeito cultural. As dificuldades que a escola apresenta se refletem, por exemplo, na organização e no funcionamento que inviabilizam qualquer aproximação efetiva entre gestores, professores, funcionários e alunos, indo desde a frenética e apertada rotina com pouco ou nenhum espaço para estabelecer contatos, além dos burocraticamente formalizados, até a falta de conhecimento sobre como proceder para que o diálogo aconteça. Ademais, quando não desqualifica o patrimônio cultural dos alunos, a escola demonstra pouco interesse por ele, deixando de cumprir seu papel como instituição que potencializa a reconstrução crítica da cultura.

Esse pode ser, justamente, o ponto de partida para pensar o trabalho pedagógico da Educação Física. O componente tem como função tematizar as práticas corporais, concebidas como produções culturais elaboradas pela gestualidade com características lúdicas: brincadeiras, danças, lutas, esportes e ginásticas. Sobre as práticas corporais, circulam saberes, discursos e representações. Elas possuem adereços, técnicas, regras, estilos e organizações que compõem uma gama enorme de conhecimentos denominados cultura corporal. Saber dançar determinado estilo é tão importante como conhecer uma regra esportiva, a história de uma luta ou o que pensam os praticantes de uma modalidade ginástica. Com o mesmo enfoque, estudar certo modo de brincar é tão relevante como examinar a variedade de modalidades esportivas existentes, as políticas envolvidas na disseminação de certas danças ou os efeitos da prática de determinada ginástica (NEIRA, 2014).

Caso a problemática seja abordada por esse prisma, será lícito dizer que a existência de diversas culturas juvenis implica também na ocorrência de patrimônios distintos. Sendo função da Educação Física tematizar as práticas corporais, defender uma única proposta para todas as escolas é algo absolutamente contraditório. O que torna razoável pensar em encaminhamentos didático-pedagógicos que viabilizem o reconhecimento e o trabalho com diferentes culturas corporais juvenis.

REFERÊNCIAS BIBLIOGRÁFICAS

ARIÉS, P. **História social da criança e da família**. Rio de Janeiro: Guanabara, 1986.

CORTI, A. P.; FREITAS M. V.; SPOSITO, M. P. **O encontro das culturas juvenis com a escola**. São Paulo: Ação Educativa, 2001.

DAMATTA, R. Individualidade e liminaridade: considerações sobre os ritos de passagem e a modernidade. **Mana**, Rio de Janeiro, v. 6, n. 1, p. 7-28, abr. 2000.

DÍAZ, C. I. **Educar para la paz desde el conflicto**: alternativas teóricas y prácticas para la convivencia escolar. Rosário: Homo Sapiens, 1999.

FRUTUOSO, S.; ALVARENGA, T. Afinal quanto dura a juventude? **Revista Época**, n. 355, p. 74-80, mar. 2005.

GIROUX, H. **Os professores como intelectuais:** rumo a uma pedagogia crítica da aprendizagem. Porto Alegre: Artes Médicas, 1997.

HALL, G. S. **Adolescence:** Its psychology and its relations to physiology, anthropology, sociology, sex, crime, religion and education. New York: D. Appleton and Company, 1904.

LARROSA BUENDÍA, J. Tecnologias do eu e educação. In: SILVA, T. T. (Org.). **Sujeitos da educação:** estudos foucaultianos. Petrópolis: Vozes, 1995.

LEOCATTA, F. **La educación y las instituciones**. Buenos Aires: Edebé, 2000.

LOPES, A. C.; MACEDO, E. O pensamento curricular no Brasil. In: _____. (Org.). **Currículo:** debates contemporâneos. São Paulo: Cortez, 2010.

LOPES DA SILVA, A. **Histórias de verdade**. São Paulo: Secretaria Municipal de Cultura, 1992.

MEAD, M. **Adolescencia y cultura en Samoa**. Buenos Aires: Paidós, 1973.

MORIN, E. **Amor poesia sabedoria**. Rio de Janeiro: Bertrand, 1998.

NEIRA, M. G. **Práticas corporais:** brincadeiras, danças, lutas, esportes e ginásticas. São Paulo: Melhoramentos, 2014.

_____. Lugar de esporte radical é na escola. **Carta Educação.** Disponível em: <www.cartaeducacao.com.br/aulas/fundamental-2/lugar-de-esporte-radical-e-na-escola/>. Acesso em: 13 nov. 2015.

OSÓRIO, L. C. **Adolescente hoje**. Porto Alegre: Artes Médicas, 1989.

RANGEL, L. H. Da infância ao amadurecimento: uma reflexão sobre rituais de iniciação. **Interface Comunicação, Saúde, Educação**, Botucatu, v. 3, n. 5, p. 147-152, ago. 1999.

SACRISTÁN, J. G. Currículo e diversidade cultural. In: SILVA, T. T.; MOREIRA, A. F. **Territórios contestados**. Petrópolis: Vozes, 1999.

SETTON, M. G. J. Família, escola e mídia: um campo com novas configurações. **Educação e Pesquisa**, São Paulo, v. 28, n. 1, p. 107-116, jan./jun. 2002.

SILVA, T. T. **Teoria cultural e educação:** um vocabulário crítico. Belo Horizonte: Autêntica, 2000.

TORRES SANTOMÉ, J. Desmoralização do professorado, reformas educacionais e democratização do sistema educativo. In: PARASKEVA, J. (Org.). **Currículo e multiculturalismo**. Mangualde: Edições Pedago, 2006.

VAN ZANTEN, A. Cultura de rua ou cultura da escola? **Educação e Pesquisa**, São Paulo, v. 26, n. 1, p. 23-52, jan./jun. 2000.

4

O ensino da Educação Física: dos métodos ginásticos à perspectiva cultural

Camila dos Anjos Aguiar

Marcos Garcia Neira

No decorrer de sua trajetória, os objetivos e sentidos da Educação Física foram modificados de acordo com o contexto. As transformações se alinharam aos interesses políticos, econômicos e sociais de cada época, seja como instrumento de implantação de ações higienistas, defesa de um pensamento desenvolvimentista, atendimento aos pressupostos neoliberais ou à busca por uma formação crítica. Desde o surgimento, as intenções foram e são as mais diversas, caracterizando um campo bastante complexo em que posicionamentos há algum tempo questionados volta e meia ressuscitam para assombrar professores e alunos. Enquanto a maior parte dos documentos oficiais revela-se inclinada a uma concepção do componente inserido na área das linguagens, um conjunto não desprezível de forças ainda o impelem aos pressupostos biologicistas. A partir disso, surgem perguntas como: quais são as perspectivas em disputa? Que objetivos e fundamentos possuem? A qual contexto dizem respeito? A elucidação dessas e de outras questões que envolvem o ensino do componente na escola permite questionar as noções de evolução, progresso ou modernização que costumam acompanhar análises como a deste capítulo.

A Educação Física sob a forma escolarizada surgiu na Europa em finais do século XVIII. Simultaneamente à estruturação dos sistemas nacionais de ensino na França e Alemanha, consolidava-se um novo modelo social subscrito ao capitalismo. Logo, a prática dos exercícios físicos cumpria dois papéis complementares: a formação de sujeitos empreendedores que assumiriam os postos

Análises: Abordam-se apenas os principais aspectos. Os trabalhos de Ghiraldelli Júnior (1988), Castellani Filho (2011), Neira e Nunes (2006, 2009), Nunes e Rúbio (2008) e Bracht (1999) podem ser consultados para obter uma visão mais ampla do assunto.

Pensamento escolanovista: O escolanovismo opõe-se ao intelectualismo, memorização e autoritarismo da escola tradicional. Tem como principal representante o estadunidense John Dewey, cujos trabalhos tiveram grande influência no Brasil. Os propositores da Escola Nova defendiam uma educação centrada na criança, cujos interesses, habilidades e necessidades deveriam ser respeitados. Compreendia-se a escola como espaço que poderia equacionar os problemas sociais. Defendia-se uma educação obrigatória, laica e gratuita, fundamentada em pressupostos psicológicos que desconsideravam o contexto sociopolítico e histórico.

Tecnicismo educacional: O tecnicismo educacional apoia-se nos trabalhos de autores estadunidenses da primeira metade do século XX. Influenciado pelos princípios da administração propostos por Taylor, John Franklin Bobbitt, na obra *O currículo*, de 1918, propunha que a instituição educacional funcionasse como uma empresa. Caberia ao sistema especificar os objetivos a serem alcançados, enquanto a escola desenvolveria os métodos de ensino e os meios para averiguar se os resultados foram obtidos. Como na indústria, os especialistas eram os responsáveis pelo planejamento das ações voltadas para desenvolver as habilidades necessárias, de modo a garantir a formação »

de liderança e a de cidadãos submissos que atuariam como mão de obra nas linhas de produção. Naquele contexto, sobressaía a preocupação das autoridades estatais com o corpo, a saúde e a força de trabalho da população. Vistas como meio de desenvolvimento físico e moral, as atividades corporais sistematizadas cumpriam intenções e objetivos higienistas. O surgimento dos métodos ginásticos foi um episódio decisivo para a inclusão dessa prática nas instituições educativas, reforçando os vínculos entre a Educação Física e a aquisição e melhoria da saúde.

Os métodos ginásticos expandiram-se pelo mundo ocidental, inclusive pelo continente americano. No caso brasileiro, a inclusão nas escolas deu-se por intermédio de instrutores ligados às forças armadas. Revestida pelo discurso nacionalista, a ginástica tornou-se obrigatória ao final dos anos 1930, período em que o pensamento escolanovista conferiu relevância à Educação Física por meio da valorização do jogo enquanto recurso didático fundamental para a educação integral. Todavia, seu caráter progressista e contestatório com respeito à tradição educacional da época dificultou a disseminação nas escolas e a plena aceitação dos seus pressupostos.

Após a Segunda Guerra Mundial, surgiram outras correntes que entraram na disputa pelo significado da Educação Física escolar, sobretudo o método desportivo generalizado. Atendendo ao projeto político-econômico desenvolvimentista de transformação do país em uma nação urbana e industrial, o ensino esportivo ganhou forças e conquistou importantes adeptos junto aos setores mais influentes: industriais, intelectuais e jornalistas.

Diante de um novo contexto e sob fortes impulsos da tecnologia, os objetivos educacionais voltaram-se para a formação de sujeitos coerentes com as novas demandas do mundo do trabalho. Em termos pedagógicos, esse período foi marcado pela influência do tecnicismo educacional. A racionalização dos meios em busca da eficiência se coadunava com os pressupostos esportivos. Visto como uma prática objetiva, regrada, com especialização de funções e apresentando condições objetivas passíveis de mensuração e comparação, o ensino esportivo tornou-se ideal para a formação dos sujeitos requisitados por uma sociedade fabril.

Reproduzindo em grande escala os mesmos exercícios seccionados que caracterizam o treinamento esportivo, as aulas do componente voltaram-se para a fixação da gestualidade e a inculcação dos valores que forjariam o caráter empreendedor e competitivo necessário à sociedade industrial (LINHALES, 2009).

Se do ponto de vista epistemológico os conhecimentos de viés biofisiológico tornaram-se os principais alicerces das ações didáticas do componente, olhando sob o prisma político, o contexto da época mostrou-se propício à propagação de uma pedagogia centrada no professor que, por sua vez, não questionava os conteúdos a serem ensinados.

> *A política educacional dos anos da ditadura militar contribuiu para tamanha presença por causa de preocupações com a ocupação útil do tempo livre, com a educação integral dos alunos e com os valores morais de um mundo em crise. Em razão disso, fez-se a apologia da técnica e da ciência em nome de um desenvolvimento aceito como legítimo e desejado ao espírito nacional (NEIRA; NUNES, 2009, p. 75).*

Voltado para o controle social, o ensino esportivo confundiu-se novamente com a formação moral dos sujeitos, carregando toda uma simbologia de perseverança, superação e meritocracia. Para que se tenha a exata dimensão dessa influência, vale a pena recordar o teor do Decreto nº. 69.450/71 que definia o componente como "atividade que, por seus meios, processos e técnicas, desperta, desenvolve e aprimora forças físicas, morais, cívicas, psíquicas e sociais do educando, [...] [constituindo-se em] um dos fatores básicos para a conquista das finalidades da Educação Nacional" (CASTELLANI FILHO, 2011, p. 83). Enquanto atividade, relacionava-se exclusivamente ao fazer com um caráter instrumental, destituído de qualquer intenção reflexiva.

São essas as linhas gerais de uma proposta que prevaleceu por um longo período. Passado mais de meio século, não deixa de ser interessante observar a permanência desse fóssil pedagógico nas escolas, cuja sobrevida pode ser atribuída a uma formação profissional anacrônica já denunciada em vários estudos, ao impulso de políticas municipais, estaduais e federais desconectadas das realidades escolares e à intrusão de projetos sociais que buscam angariar votos e benesses a seus padrinhos (SILVA, 2010). Mais surpreendente é a proliferação de um discurso acadêmico a favor do ensino esportivo mal disfarçado sob camadas de clichês. O que apenas contribui para a reprodução desse circuito perverso.

A partir da década de 1980, o paradigma da aptidão física começou a sofrer abalos. Eclodiram contestações acerca dos objetivos, métodos e conteúdos da Educação Física, e os fundamentos que sustentavam o componente enquanto experiência educacional

» de bons profissionais. Sob a influência das ideias eficientistas de Bobbitt, Ralph Tyler, em 1949, publicou *Princípios básicos de currículo e ensino*, que impactou a produção de currículos no Brasil.

Vários estudos: As pesquisas sobre o currículo dos cursos de licenciatura realizadas por Neira (2009), Alviano Júnior (2011), Nunes (2011) e Vieira (2013) constataram um afastamento entre o perfil profissional necessário para a atuação na sociedade contemporânea e os efeitos da formação ofertada.

A partir da década de 1980: Durante esse período, transformações econômicas, políticas e sociais ocorreram em âmbito nacional e internacional. Em termos políticos, iniciava-se um movimento de contestação contra a ditadura e, em termos educacionais, surgiram questionamentos ao modelo pedagógico tecnicista.

Pesquisadores franceses: Dentre os quais, os trabalhos de Le Boulch (1982, 1986) inspiraram todos os demais.

Método psicocinético: Os trabalhos de Rodrigues (1983), Negrine (1983), Freire (1989), Mello (1989), Pérez Gallardo, Oliveira e Aravena (1998) e Mattos e Neira (1999), entre outros, alinham-se a essa vertente.

Proposta desenvolvimentista: No Brasil, a obra de Tani et al. (1988) teve grande repercussão. Mais recentemente, os trabalhos de Gallahue e Ozmun (2005) e Gallahue e Donnelly (2008) tornaram-se referências importantes dessa vertente.

Reprodutivista: Também denominadas teorias da correspondência, as análises crítico-reprodutivistas apontaram as práticas pedagógicas, os conhecimentos ensinados e as relações estabelecidas em seu interior como mecanismos de manutenção da desigualdade social. »

foram revistos. Para tanto, os pesquisadores inspiraram-se nas teorias do crescimento e desenvolvimento humanos para propor alternativas e superar a primazia do ensino esportivo na escola.

Sob influências do discurso educacional cognitivista e mediante contribuições de pesquisadores franceses, surgiu o método psicocinético, também conhecido como psicomotricidade. A vertente psicomotora visava ao desenvolvimento pleno da criança, atentando a aspectos motores, socioafetivos e cognitivos. Com a contribuição da psicomotricidade, os planos de ensino da Educação Física, ainda baseados no tecnicismo educacional, incorporaram objetivos pertencentes aos três domínios do comportamento. Por meio de atividades motoras adequadamente planejadas, o trabalho pedagógico garantiria o refinamento das habilidades exigidas dentro e fora da escola. "Pelo movimento" seria possível prevenir e remediar as dificuldades de aprendizagem, assim como garantir a construção de estruturas psicológicas que formariam a base para um desenvolvimento normal.

As teorias psicológicas e, principalmente, os resultados de pesquisas britânicas e estadunidenses sobre o crescimento e desenvolvimento humanos fizeram despontar a proposta desenvolvimentista. Baseada na correspondência entre maturação biológica e níveis de desempenho cognitivos, socioafetivos e motores, a vertente apresentava uma programação adequada de atividades motoras como forma de estímulo aos demais domínios do comportamento. Além disso, a Educação Física foi responsabilizada pela aprendizagem do movimento, relacionada intrinsecamente ao desenvolvimento global. Segundo a perspectiva desenvolvimentista, caberia ao professor organizar situações didáticas que levassem os alunos a alcançar estágios maduros das habilidades motoras, a fim de que todos pudessem executar satisfatoriamente as atividades cotidianas.

Tirante o fato de ambas as concepções de ensino recorrerem à psicologia como campo epistemológico principal, em termos práticos, as semelhanças são poucas. Enquanto na proposta psicomotora a realização de movimentos é o principal meio da atividade educativa, a vertente desenvolvimentista preocupa-se, sobretudo, com a qualidade da execução, tida como finalidade principal da Educação Física.

O que se percebe até aqui é que tais propostas se amparavam em uma visão descontextualizada, monocultural e excludente de educação, bem ao gosto da sociedade capitalista da época. Essa visão é absolutamente distante das demandas sociais e, principalmente, pedagógicas da contemporaneidade. Tratam-se de perspectivas tecnicistas da Educação Física fundamentadas em teorias não críticas da educação, pois não têm o propósito de promover uma análise, nem tampouco a compreensão da ocorrência social das práticas corporais. Não possuem o menor compromisso com a resolução dos problemas sociais que geram a injustiça, a desigualdade e as condições de vida degradantes de grande parcela dos cidadãos.

Os anos 1980 também foram marcados pelo questionamento do papel que a escola exercia no sistema capitalista. Inúmeros trabalhos sinalizaram o viés reprodutivista da instituição e sua condição de agência a favor da perpetuação das condições sociais vigentes. Um país que enfrentava o processo de redemocratização teria, obrigatoriamente, de combater o elitismo reinante dentro dos muros escolares. Em termos teóricos, o materialismo dialético tornou-se a principal referência para explicar o fenômeno e, simultaneamente, oferecer alternativas de superação. Como não poderia deixar de ser, a Educação Física, como prática social e experiência formativa, também sofreu influências dos debates reformistas que se instauraram na sociedade brasileira.

Sem sombra de dúvida, o componente vivenciou uma mudança paradigmática ao adotar as ciências humanas como campo teórico. A transformação mais evidente foi sua inserção na área das linguagens, a partir do entendimento da gestualidade como forma de comunicação. Os movimentos, devidamente contextualizados, passaram a ser vistos como recursos que os grupos sociais empregam para veicular intenções e pensamentos. As teorias de cunho psicobiológico, que até então fundamentavam as ações didáticas, abriram temporariamente espaço para história, sociologia, antropologia, filosofia, política e semiótica.

Referenciadas nas teorias críticas da educação, as perspectivas crítico-superadora e crítico-emancipatória surgiram como propostas redentoras para o ensino da Educação Física, seguindo o rastro de trabalhos anteriores que não tiveram o mesmo impacto. Tais teorias ressaltaram aspectos importantes ao denunciar que as aulas do componente, principalmente aquelas baseadas no ensino esportivo, transmitiam e mantinham os valores da classe privilegiada e dos condicionantes capitalistas. Como alternativa, foram sugeridos novos procedimentos metodológicos, propondo ações dialógicas e reflexivas sobre o processo de construção das práticas corporais, no intuito de conscientizar os alunos dos mecanismos

> » O privilégio concedido à cultura dominante e à reprodução do sistema fabril no interior da escola transformou-se em objeto de questionamento. Pelo seu intermédio, a escola exercia uma função social e política a serviço dos setores dominantes.

Crítico-superadora: Apoiando-se na perspectiva marxista para discutir o ensino da Educação Física e nas pedagogias propostas por Dermeval Saviani e José Carlos Libâneo, o livro publicado por Soares et al. (1992) transformou-se na principal referência crítica da Educação Física.

Crítico-emancipatória: Com o trabalho de Kunz (1994), a análise da Educação Física na escola capitalista não ficou limitada à visão marxista. Mediante contribuições da teoria da ação comunicativa de Jurgen Habermas, as atividades de ensino concentraram sua atenção no processo de interação entre alunos e produção gestual. Ademais, Kunz questiona a noção de cultura corporal para defender a ideia do se-movimentar enquanto experiência a ser priorizada nas aulas de Educação Física.

Trabalhos anteriores: É importante mencionar os trabalhos de Hildebrandt e Laging (1986) e do Grupo de Trabalho Pedagógico da UFPe-UFSM (1991).

de dominação presentes na sociedade e posicioná-los como autores do processo pedagógico.

Desse modo, a cultura corporal tornou-se o objeto de estudo da Educação Física, o que engloba todos os conhecimentos, discursos e representações sobre as manifestações da motricidade humana sistematizada com características lúdicas, historicamente produzidas e reproduzidas pelos grupos sociais: brincadeiras, danças, lutas, esportes e ginásticas. Contudo, há de se destacar o surgimento, ao longo do tempo, de concepções de cultura corporal que se diferenciam, já que cada perspectiva de ensino se fundamenta em campos epistemológicos distintos.

Educação para a saúde: Os trabalhos de Guedes (1999), Palma (2001) e Mattos e Neira (2000) são as referências mais conhecidas dessa proposta.

O século XX conheceu ainda outra proposta para o ensino do componente: a educação para a saúde. Com o intuito de combater o sedentarismo e as mazelas relacionadas à diminuição da atividade física, consequências do mundo contemporâneo, essa vertente tinha como objetivos o ensino de conceitos e procedimentos relacionados à prática de exercícios visando a adoção e manutenção de um estilo de vida fisicamente ativo. O raciocínio que lhe servia de guarida era bem simples: uma vez conhecedor dos princípios biomecânicos e fisiológicos, bem como dos meios necessários para melhorar a própria performance, o sujeito passaria a responsabilizar-se pela condução de uma vida saudável.

É interessante observar que essa perspectiva não demonstrava nenhuma sensibilidade pelas características da comunidade escolar. A noção de saúde aventada era exclusivamente corpórea, desconsiderando-a como resultado das condições de vida não apenas materiais como também sociais. Lazer, trabalho, alimentação, acesso a bens culturais, entre outras questões, não podem ser desprezados quando se pensa em saúde da população. Caso isso seja considerado, fica fácil constatar o reducionismo nos moldes propostos, assim como suas intenções político-econômicas ao concentrar a responsabilidade por aquisição e manutenção da saúde nas mãos do próprio sujeito.

A discussão até aqui exposta evidencia o esforço que a área empreendeu nas últimas décadas para construir uma pedagogia que respondesse aos apelos sociais. Afastando-se completamente do paradigma da aptidão física e do ensino esportivo, a Educação Física procurou romper com práticas hegemônicas e contextualizar suas ações. Embora o objeto de estudo e o referencial teórico tenham sofrido mudanças significativas – exercício físico, movimento e cultura corporal, no primeiro caso; biofisiologia, psicobiologia e materialismo histórico, no segundo –, os conteúdos e métodos pouco se alteraram. Basta verificar que as duas principais obras alinhadas às teorias críticas concentram suas propostas nos conteúdos hegemônicos (SOARES et al., 1992) e no trabalho com as habilidades motoras (KUNZ, 1994), apesar de lhes atribuírem outros significados.

Nos anos mais recentes, a preocupação com um ensino de Educação Física sensível às marcas da sociedade pós-moderna e à função que a escola tem no presente momento levou os membros do Grupo de Pesquisas em Educação Física escolar da FEUSP a buscar fundamentação nas teorias pós-críticas da educação, especialmente nos Estudos Culturais e no multiculturalismo crítico, para realizar experiências que proporcionem a construção de outra proposta para a área, a qual denominam Educação Física cultural. As teorias pós-críticas não negam as contribuições das teorias críticas para refletir a sociedade, a escola e a área, mas apresentam preocupações distintas e outras formas de explicar a realidade.

As teorias pós-críticas alertam que todas as práticas corporais, enquanto textos da cultura, são perpassadas por relações de poder que têm na classe, etnia, gênero, religião, geração, nível de habilidade etc., alguns de seus marcadores sociais. As teorias pós-críticas colocam em xeque as metanarrativas, as noções de progresso, autonomia, emancipação e libertação do sujeito alentadas pelas teorias críticas, por não concordarem com os princípios do universalismo, do essencialismo e do fundamentalismo que dão sustentação ao pensamento moderno (SILVA, 2011).

Os Estudos Culturais e o multiculturalismo crítico inspiram professores e alunos a analisar os signos de poder presentes em brincadeiras, danças, lutas, esportes e ginásticas. Também provocam um exame das relações de dominação e subjugação envolvidas apontando, consequentemente, quais identidades são valorizadas e quais são menosprezadas pelos discursos e representações propositadamente conectados às práticas corporais. A proposta cultural da Educação Física busca procedimentos mais democráticos diante dos diversos grupos que coabitam a sociedade; promove todas as vozes; rompe com preconceitos e hierarquizações; valoriza conhecimentos científicos, populares e do senso comum; incentiva posturas críticas e opõe-se radicalmente à formação de sujeitos segundo os pressupostos neoliberais que fixam identidades e grupos.

Enquanto campo de luta pela validação de significados (SILVA, 2011), qualquer proposta educativa legitima certos conhecimen-

Conteúdos hegemônicos: O programa de ensino disponível no Capítulo 3 da obra de Soares et al. (1992) arrola os conhecimentos tradicionais, assim como os exemplos metodológicos apresentados.

Habilidades motoras: As situações de ensino que exemplificam a proposta, disponíveis entre as páginas 130 e 149 da obra de Kunz (1994), têm como objetos saltar e arremessar.

Estudos Culturais: O capítulo 6 situa o campo teórico dos Estudos Culturais e estabelece algumas relações com o ensino da Educação Física.

Multiculturalismo crítico: O Capítulo 7 situa o campo teórico do multiculturalismo crítico e estabelece algumas relações com o ensino da Educação Física.

Educação Física cultural: A fundamentação teórico-metodológica está disponível em Neira e Nunes (2006, 2009a e 2009b) e Neira (2011, 2014) e as análises dos relatos de prática podem ser encontrados em Neira, Lima e Nunes (2012) e Neira, Nunes e Lima (2014).

tos, práticas e identidades em relação a outras construções, muitas vezes gerando desigualdades e exclusões. Seja qual for a proposta, será sempre um território de disputa pela significação. Daí a importância de refletir como as atividades de ensino desenvolvidas nas aulas de Educação Física

> *conclamam seus sujeitos a assumirem determinadas posições, afirmando as identidades projetadas como ideias para compor o quadro social e marcando as diferenças, ou seja, aqueles que devem ser corrigidos, transformados ou diante da impossibilidade de êxito, marginalizados (NEIRA; NUNES, 2009, p. 201).*

Exemplos de como o componente influencia a constituição das identidades e, ao mesmo tempo, institui a diferença são bastante corriqueiros. Encontram-se ao alcance de quem quiser observá-los. O fragmento do relato a seguir demonstra como as aulas de Educação Física priorizam determinados grupos e construções culturais corporais enquanto marginalizam outros.

> *Eu recordo quando eu era uma criança que tinha que jogar com outra turma, eu tinha que jogar com caras maiores e eram só dois tipos de prática esportiva, ou seja, um futebol e um vôlei. E no futebol eu tinha uma habilidade mediana. Como eu tinha que jogar com os maiores eu tinha medo. Então, não podia aproveitar nada das minhas aulas né [...]. Eu não presto para jogar futebol, também porque não tinha oportunidade [...] O que vai ser da minha vida não sei jogar futebol, não estou jogando com aqueles caras ali, que são os bons e mesmo que se eu quisesse acho que posso ser machucado eu já falei isso uma vez, eu sou um pouco medroso, então, eu não vou entrar pra jogar com esses caras porque eles vão acabar comigo. Então, não tive oportunidade entendeu. (Professor 4) (AGUIAR, 2014, p. 64).*

Ao oferecer padrões de movimento durante as aulas, afirmam-se certas formas de ser e certos significados e negam-se outros. Aqueles que não se adaptam aos modelos impostos, não correspondem nem apresentam níveis distintos das habilidades requeridas durante a vivência são considerados inferiores, ruins, inaptos. Além disso, priorizam-se determinadas práticas corporais enquanto outras são esquecidas ou deixadas de lado.

Uma proposta de Educação Física que enfatiza o patrimônio cultural dos grupos dominantes impossibilita que estudantes de setores sociais desprivilegiados se reconheçam e aprendam sobre manifestações que fazem parte de seu repertório. A perspectiva

Capítulo 4 O ensino da Educação Física: dos métodos ginásticos à perspectiva cultural

cultural confere o mesmo *status* às modalidades hegemônicas (futebol, voleibol, handebol, basquetebol) e àquelas procedentes dos grupos minoritários, como capoeira, jogos de cartas ou eletrônicos, brincadeiras populares, danças urbanas e lutas, dentre tantas que caracterizam as parcelas da população que estão, ou não, presentes na escola. Não há, portanto, hierarquia. Nenhuma prática corporal merece o privilégio da exclusividade ou de maior atenção por parte do professor e dos alunos. Nenhuma é melhor nem mais importante. Conceber a escola como um espaço democrático significa abrir caminho para que a diversidade de práticas, suas representações e seus significados possam ser estudados. As diferentes construções e vivências corporais e a multiplicidade de sentidos envolvidos têm de ser valorizadas e analisadas.

Uma ação docente multiculturalmente orientada, que enfrente os desafios provocados pela diversidade cultural na sociedade e nas salas de aula, requer uma postura que supere o daltonismo cultural usualmente presente nas escolas, responsável pela desconsideração do 'arco-íris de culturas' com que se precise trabalhar (MOREIRA; CANDAU, 2003, p. 161).

A perspectiva cultural procura, justamente, criar condições para o estudo daquelas práticas corporais historicamente marginalizadas. O que não significa retirar do currículo brincadeiras, danças, lutas, esportes e ginásticas pertencentes aos grupos mais bem posicionados na escala social. A ideia é que essas modalidades também sejam analisadas para que as razões de sua maior visibilidade e presença no tecido social possam ser discutidas e, quem sabe, as representações dos estudantes a seu respeito possam ser modificadas.

A prática pedagógica inspirada nos Estudos Culturais e no multiculturalismo crítico está aberta às mais diversas produções e saberes, não apenas aos hegemonicamente conhecidos e legitimados. Não há valores nem conhecimentos universais que devam ser exaltados, pois se sabe que essa condição é apenas enunciativa, ou seja, varia de acordo com a posição de poder de quem a enuncia (SILVA, 2011).

Como Freire (2011) ensinou, essa proposta mantém-se atenta ao contexto em que as práticas corporais ocorrem, olhando para a realidade em que estão inseridas e preocupando-se com sua articulação com o projeto pedagógico da escola para, justamente, aproximar-se das demandas que cada contexto apresenta. McLaren e Giroux (2000) também ressaltam a importância de uma peda-

---

Essas modalidades também sejam analisadas: O estudo desenvolvido por Eto (2015) na comunidade quilombola de Mata Cavalo, no interior do Mato Grosso, com alunos do Ensino Médio, evidencia que a perspectiva cultural da Educação Física foi fundamental na desconstrução das representações pejorativas das equipes de futebol locais e da dança mais frequente na região.

Projeto pedagógico da escola: Conforme Lima (2007), a Educação Física, enquanto componente partícipe da formação dos sujeitos pretendidos pela unidade escolar, deve buscar no reconhecimento do patrimônio cultural corporal da comunidade o elo com projeto político-pedagógico institucional, sobretudo quando os objetivos educacionais são fruto de debates e decisões coletivas.

gogia que considere os conhecimentos cotidianos dos estudantes, não para neles permanecer, mas para que sejam objeto de uma permanente reconstrução crítica.

Sensível à heterogeneidade que caracteriza a sociedade contemporânea e seus novos arranjos, a Educação Física cultural reconhece a variedade de manifestações existentes e as diferentes representações envolvidas. Tem por objetivo ressignificar, aprofundar e ampliar a cultura corporal constituinte do patrimônio dos estudantes. Assim sendo, as aulas deixam de ser um momento em que os alunos se divertem, adquirem e aprimoram habilidades motoras ou adotam hábitos saudáveis. O que se propõe é que a linguagem corporal que diferentes grupos sociais empregam para comunicar seus modos de ser, sentimentos e significados seja, primeiramente, transformada em objeto de leitura e, posteriormente, inspire a recriação de outras práticas corporais conforme a característica da turma (NEIRA; NUNES, 2009).

Ao compreender a gestualidade como a forma que os diferentes grupos culturais utilizam para expressar os significados atribuídos às experiências vividas, a proposta cultural da Educação Física pode contribuir para a leitura dos signos presentes em brincadeiras, danças, lutas, esportes e ginásticas, e proporcionar as condições necessárias para sua produção. Por essa razão, ao menos em termos pedagógicos, não faz sentido organizar situações didáticas que recorram à repetição descontextualizada de técnicas corporais. A expressão da gestualidade só tem razão de ser quando vinculada a uma prática corporal detentora de lastro cultural.

Consequentemente, a prática pedagógica:

[...] deve articular-se ao contexto de vida comunitária; apresentar condições para que sejam experimentadas e interpretadas as formas como a cultura corporal é representada no cenário social; ressignificar as práticas corporais conforme as características do grupo; aprofundar os conhecimentos acerca do patrimônio cultural corporal; e ampliar os saberes dos alunos a respeito das temáticas estudadas (NEIRA, 2010, p. 6).

Além de abrir espaço e assinalar os saberes que tradicionalmente foram renegados, a Educação Física cultural traz para o debate os diferentes sentidos e discursos que envolvem as práticas corporais e quem delas participa. Na perspectiva cultural, as representações elaboradas sobre os grupos minoritários precisam

Capítulo 4 O ensino da Educação Física: dos métodos ginásticos à perspectiva cultural **79**

ser identificadas e examinadas (CANDAU, 2008). Muitas vezes, as representações que se constroem sobre os outros são baseadas em estereótipos; aqueles que não se aproximam dos parâmetros instituídos são classificados como diferentes ou inferiores.

> *Os 'outros', os diferentes, muitas vezes estão perto de nós, e mesmo dentro de nós, mas não estamos acostumados a vê-los, ouvi-los, reconhecê-los, valorizá-los e interagir com eles. Na sociedade em que vivemos há uma dinâmica de construção de situações de apartação social e cultural que confinam os diferentes grupos socioculturais em espaços diferenciados, onde somente os considerados iguais têm acesso. Ao mesmo tempo, multiplicam-se as grades, os muros, as distâncias, não somente físicas, como também afetivas e simbólicas entre pessoas e grupos cujas identidades culturais se diferenciam por questões de pertencimento social, étnico, de gênero, religioso, etc. (CANDAU, 2008, p. 31, grifo do autor).*

Os discursos e representações preconceituosas sobre as práticas corporais contribuem apenas para afirmar determinados grupos e negar outros. Sua disseminação na sociedade levanta muros entre as pessoas. Esse material deve ser transformado em objeto de análise e estudo durante as aulas, pois só assim será possível identificar suas origens, a serviço de quem estão e desnaturalizá-los. O professor tem o importante papel de conduzir ações didáticas que identifiquem as relações de poder envolvidas nas práticas corporais, muitas delas pouco explícitas e de difícil identificação. O que se defende é uma pedagogia que problematize como os sujeitos da educação resistem ou se acomodam ao que é produzido em meio a relações de poder, na maioria das vezes, parcialmente compreendidas (GIROUX, 1992).

No processo de identificar a formação social das relações assimétricas, professor e estudantes têm, nos diferentes contextos históricos, elementos para análise crítica dos mecanismos de subjugação. Podem utilizar-se de todos os saberes necessários para estudar as diversas existências e os problemas sociais, políticos e de representação (CORAZZA, 2010). Na pedagogia cultural, o docente deixa a posição de detentor do conhecimento e, em ação conjunta com os estudantes, lança-se por caminhos diversos para encontrar novas paisagens e realizar leituras mais profundas sobre a realidade ao redor dele e dos alunos.

Quando, por exemplo, as questões de gênero presentes no futebol (o porquê de certas visões preconceituosas a respeito do futebol feminino ou da participação de garotas nas atividades que envolvam a modalidade na escola), as questões econômicas (o patrocínio do futebol por grandes marcas e a compra e venda de produtos e de jogadores), as questões de classe (o ideário de ascensão social por meio do futebol ou a mobilização para retirar a população desfavorecida de suas moradias alocadas ao redor dos estádios nas cidades da África do Sul e do Brasil, que sediaram partidas da Copa do Mundo), entre outras, são problematizadas nas aulas, criam-se possibilidades de os estudantes identificarem e compreenderem os aspectos relacionados ao esporte para além da mera vivência. Identificam-se as situações excludentes envolvidas como também a construção, a afirmação e a exclusão de determinadas identidades.

Na perspectiva cultural da Educação Física, o professor procura organizar atividades que levem os estudantes a visualizar e entender as relações embutidas e a interpretar a realidade de forma crítica, adotando procedimentos semelhantes com os discursos que acessam e validam certas identidades e grupos. Para facilitar, McLaren e Giroux (2000) sugerem que o docente adote uma linguagem de análise (com contra-discursos e posições resistentes), de modo a proporcionar aos estudantes as condições para que examinem os posicionamentos que lhes soam mais familiares.

As mais variadas formas de discriminação contidas nos textos culturais (televisão, livro, reportagem, propaganda etc.) acessados não podem ser ignoradas. A educação corporal não ocorre apenas nas aulas de Educação Física, não é sua atribuição exclusiva; ela se dá também em muitas outras instâncias. Encontram-se disponíveis representações de beleza, corpo, saúde, sexualidade, mulher, homem, ginástica, dança etc. em muitos locais além da escola. A esse respeito Costa (2010, p. 146) recorda: "seremos cúmplices se permanecermos omissos". Em uma sociedade marcada pela indústria cultural, que atende aos interesses neoliberais de consumo e que tenta impor padrões estéticos e performativos no tratamento do outro, muitas vezes de forma preconceituosa, analisar e discutir esses aspectos é uma maneira de agir contra a legitimação de tais discursos, é uma forma de ação e luta política dentro e fora da escola.

A proposta cultural da Educação Física busca incorporar as práticas corporais dos grupos minoritários sem conferir-lhes um tratamento exótico ou superficial. Repele peremptoriamente aquelas atividades episódicas que abordam as manifestações subjugadas apenas em datas especiais mediante a intenção anódina de atender a uma fantasiosa integração multicultural. É o caso do trabalho com as danças de tradição africana no mês de novembro, a realização de brincadeiras indígenas em abril, folclóricas em agosto ou o simples ensaio da quadrilha junina. O multiculturalismo crítico ensina que essas atividades só reforçam e essencializam as culturas e as identidades dos grupos a quem desejam representar. A mera vivência sem que se discuta sua ocorrência na sociedade e, principalmente, o que significam para os grupos que as produziram e reproduziram contribui para deixar as coisas como estão e estigmatiza seus representantes. Atividades com esse teor reforçam preconceitos e essencializam identidades. Por isso, a perspectiva cultural da Educação Física é favorável à pedagogia do dissenso (MCLAREN, 2000), pois viabiliza o contato com os diferentes grupos por meio do diálogo entre posicionamentos distintos e explicita os mecanismos de poder que subjugam e inferiorizam práticas e grupos. Na pedagogia cultural, os docentes buscam incorporar o conhecimento subjugado, reconhecendo suas construções e os processos históricos e de luta que levaram a sua exclusão.

> *O currículo cultural exorta a cultura dominante a interromper a supressão do papel do conflito na história e, para tanto, toma emprestada a genealogia arqueológica desenvolvida por Foucault (1981) para descrever o processo de recordar e incorporar as memórias dos conhecimentos subordinados, os conflitos vividos e as dimensões do poder que se revelam nas lutas atuais (NEIRA, 2011, p. 56).*

Com as contribuições de Foucault (1992b), a perspectiva cultural atenta às regras que guiam os discursos produzindo os objetos que nomeiam, que qualificam um discurso como verdadeiro ou não, posicionando-se contra aqueles que se colocam como verdadeiros enquanto se desqualifica os demais.

A proposta cultural da Educação Física, apoiada nos Estudos Culturais e no multiculturalismo crítico, apresenta-se como uma possibilidade de contribuir para compreender a construção discursiva do outro e as relações desiguais de poder. Coloca a nu o caráter construtivo das normas expressas nas práticas culturais que contribuem para produzir as diferenças (CANEN, 2007). A perspectiva cultural denuncia as conexões entre as práticas corporais e as esferas socioeconômicas, possibilitando uma articulação teórica com questões históricas, políticas, sociais e defendendo a adoção de procedimentos democráticos baseados no diálogo. A prática pedagógica culturalmente orientada não serve para a distinção e a segregação presentes nos mecanismos de validação de um grupo cultural em detrimento dos demais. Ela busca sintonia com a atual sociedade multicultural ao contemplar a produção de diferentes grupos, transformando suas práticas corporais em temas de estudo.

Por meio do diálogo e não da tolerância, os estudantes podem compreender as relações que levaram a construir o outro de maneira depreciativa. Podem substituir os significados e as representações iniciais por outros. A Educação Física cultural é o *locus* para a troca entre as culturas, é um espaço polissêmico que recorre à política da diferença. Trata-se de uma pedagogia voltada para a negociação cultural, que não deixa de encarar os conflitos gerados pelas relações desiguais de poder (CANDAU, 2008).

No fazer pedagógico, professor e estudantes assumem a postura de etnógrafos, buscando identificar os múltiplos aspectos envolvidos na prática corporal a ser estudada. Nas aulas, diferentes significações são confrontadas com as experiências dos alunos, visando a aprofundar as leituras iniciais e entretecê-las com outras análises (NEIRA, 2011).

A proposta cultural da Educação Física está comprometida com uma educação pública, gratuita e de qualidade. Propõe ações que possibilitem condutas mais democráticas em relação aos grupos minoritários. Transforma cada aula em espaço para leitura crítica e produção cultural, defendendo e procurando posicionar professores e estudantes como produtores de conhecimento e condutores – e não conduzidos – pelos caminhos que percorrem no ensino. Por fim, trata-se de uma perspectiva que vem atender à formação de cidadãos para o mundo contemporâneo, global, desigual e multicultural.

> **Poder:** É importante destacar que não se busca identificar o poder em atuação para tentar eliminá-lo, gerando uma situação de não poder. O poder não está centralizado nas mãos de uma instituição nem de alguém e não pode ser tomado, ele ocorre nas microrrelações da sociedade, está espalhado pela rede social, entre as diferentes identidades. Ele se transforma, mas não desaparece. Portanto, tem-se por objetivo combater o poder incessantemente para construir relações transformadas e mais democráticas (FOUCAULT, 1992a).

REFERÊNCIAS BIBLIOGRÁFICAS

AGUIAR, C. A. **Educação Física no município de São Paulo:** aproximações e distanciamentos com relação ao currículo oficial. 2014. 322 f. Dissertação (Mestrado em Educação) – Faculdade de Educação da Universidade de São Paulo, São Paulo, 2014.

ALVIANO JÚNIOR, W. **Formação inicial em Educação Física:** análises de uma construção curricular. 2011. 270 f. Tese (Doutorado em Educação) – Faculdade de Educação da Universidade de São Paulo, São Paulo, 2011.

BRACHT, V. A constituição das teorias pedagógicas da educação física. **Cadernos Cedes**, Campinas, ano 19, n. 48, p. 69-88, ago. 1999.

CANDAU, V. M. Multiculturalismo e educação: desafios para a prática pedagógica. In: MOREIRA, A. F.; CANDAU, V. M. (Org.). **Multiculturalismo:** diferenças culturais e práticas pedagógicas. Petrópolis: Vozes, 2008.

CANEN, A. O multiculturalismo e seus dilemas: implicações na educação. **Comunicação e política**, Rio de Janeiro, v. 25, n. 2, p. 91-107, 2007.

CASTELLANI FILHO, L. **Educação Física no Brasil:** a história que não se conta. Campinas: Papirus, 2011.

CORAZZA, S. M. Diferença pura de um pós-currículo. In: LOPES, A. C.; MACEDO, E. (Orgs.). **Currículo:** debates contemporâneos. São Paulo: Cortez, 2010.

COSTA, M. V. Poder, discurso e política cultural: contribuições dos Estudos Culturais ao campo do currículo. In: LOPES, A. C.; MACEDO, E. (Org.). **Currículo:** debates contemporâneos. São Paulo: Cortez, 2010.

ETO, J. **O currículo cultural da Educação Física na comunidade Mata Cavalo**. 2015. 165 f. Tese (Doutorado em Educação) – Faculdade de Educação da Universidade de São Paulo, São Paulo, 2015.

FOUCAULT, M. **Microfísica do poder**. Rio de Janeiro: Graal, 1992a.

_____. **As palavras e as coisas**. Rio de Janeiro: Martins Fontes, 1992b.

FREIRE, J. B. **Educação de corpo inteiro**. São Paulo: Scipione, 1989.

FREIRE, P. **Pedagogia do oprimido**. Rio de Janeiro: Paz e Terra, 2011.

GALLAHUE, D. L.; DONELLY, F. C. **Educação Física desenvolvimentista para todas as crianças**. São Paulo: Phorte, 2008.

GALLAHUE, D. L; OZMUN, J. **Compreendendo o desenvolvimento motor:** bebês, crianças, adolescentes, adultos. São Paulo: Phorte, 2005.

GHIRALDELLI JÚNIOR, P. **Educação Física progressista:** a pedagogia crítico-social dos conteúdos e a Educação Física brasileira. São Paulo: Loyola, 1988.

GIROUX, H. **Escola crítica e política cultural**. São Paulo: Cortez, 1992.

GRUPO DE TRABALHO PEDAGÓGICO UFPe – UFSM. **Visão didática da Educação Física**. Rio de Janeiro: Ao Livro Técnico, 1991.

GUEDES, D. P. Educação para a saúde mediante programas de Educação Física escolar. **Revista Motriz**, Rio Claro, v. 5, n. 1, p. 10-14, jun. 1999.

HILDEBRANDT, R.; LAGING, R. **Concepções abertas no ensino da Educação Física**. Rio de Janeiro: Ao Livro Técnico, 1986.

KUNZ, E. **Transformação didático-pedagógica do esporte**. Ijuí: Editora Unijuí, 1994.

LE BOULCH, J. **O desenvolvimento psicomotor:** do nascimento aos 6 anos. Porto Alegre: Artes Médicas, 1982.

_____. **Educação psicomotora**. Porto Alegre: Artes Médicas, 1986.

LIMA, M. E. **A Educação Física no projeto político-pedagógico:** espaço de participação e reconhecimento da cultura corporal dos alunos. 2007. 133 f. Dissertação (Mestrado em Educação) – Faculdade de Educação da Universidade de São Paulo, São Paulo, 2007.

LINHALES, M. A. Esporte e escola: astúcias na "energização do caráter" dos brasileiros. In: PRIORE, M. D.; MELO, V. A. **História do esporte no Brasil:** do Império aos dias atuais. São Paulo: Ed. da Unesp, 2009.

MATTOS, M. G.; NEIRA, M. G. **Educação Física infantil:** construindo o movimento na escola. São Paulo: Phorte, 1999.

_____. **Educação Física na adolescência:** construindo o conhecimento na escola. São Paulo: Phorte, 2000.

MCLAREN, P. **Multiculturalismo revolucionário:** pedagogia do dissenso para novo milênio. Porto Alegre: Artmed, 2000.

_____. McLAREN, P.; GIROUX, H. Escrevendo das margens: geografias de identidade, pedagogia e poder. In: _____. **Multiculturalismo revolucionário:** pedagogia do dissenso para novo milênio. Porto Alegre: Artmed, 2000.

MELLO, A. M. de. **Psicomotricidade, Educação Física e jogos infantis**. São Paulo: IBDC, 1989.

MOREIRA, A. F. B.; CANDAU, V. M. Educação escolar e cultura(s): construindo caminhos. **Revista Brasileira de Educação**, Rio de Janeiro, n. 23, p. 156-168, maio/ago. 2003.

NEGRINE, A. **O ensino da Educação Física**. Rio de Janeiro: Globo, 1983.

NEIRA, M. G. Análises das representações dos professores sobre o currículo cultural da Educação Física. **Interface**, Botucatu, v. 14, n. 35, p. 783-795, dez. 2010.

_____. Desvelando Frankensteins: interpretações dos currículos de Licenciatura em Educação Física. **Revista Brasileira de Docência, Ensino e Pesquisa em Educação Física**, Cristalina, v. 1, n. 1, p. 118-140, ago. 2009.

_____. **A reflexão e a prática do ensino:** Educação Física. São Paulo: Editora Blucher, 2011.

_____. **Práticas corporais:** brincadeiras, danças, lutas, esportes e ginásticas. São Paulo: Melhoramentos, 2014.

_____. NUNES, M. L. F. **Educação Física, currículo e cultura**. São Paulo: Phorte, 2009.

_____. **Pedagogia da cultura corporal:** crítica e alternativas. São Paulo: Phorte, 2006.

NEIRA, M. G.; LIMA, M. E.; NUNES, M. L. F. **Educação Física e culturas:** ensaios sobre a prática. São Paulo: FEUSP, 2012.

NEIRA, M. G.; NUNES, M. L. F.; LIMA, M. E. **Educação Física e culturas:** ensaios sobre a prática. São Paulo: FEUSP, 2014. v. 2.

NUNES, M. L. F. **Sobre Frankensteins, monstros e Ben 10:** fragmentos da formação em Educação Física. 2011. 277 f. Tese (Doutorado em Educação) – Faculdade de Educação da Universidade de São Paulo, São Paulo, 2011.

_____. RÚBIO, K. O(s) currículo(s) da Educação Física e a constituição da identidade de seus sujeitos. **Currículo sem Fronteiras**, Porto Alegre, v. 8, n. 2, p. 55-77, jul./dez. 2008.

PALMA, A. Educação física, corpo e saúde: uma reflexão sobre outros "modos de olhar". **Revista Brasileira de Ciências do Esporte**, Campinas, v. 22, n. 2, p. 23-39, 2001.

PÉREZ GALLARDO, J. S; OLIVEIRA, A. A. B; ARAVENA, C. J. O. **A criança em movimento:** didática da Educação Física. São Paulo: FTD, 1998.

RODRIGUES, M. **Manual teórico-prático de Educação Física infantil**. São Paulo: Ícone, 1983.

SILVA, S. S. **Educação Física escolar *versus* projeto social esportivo:** "quando os donos da casa perdem o jogo". 2010. 251 f. Dissertação (Mestrado em Educação) – Faculdade de Educação da Universidade de São Paulo, São Paulo, 2010.

SILVA, T. T. **Documentos de identidade:** uma introdução às teorias do currículo. Belo Horizonte: Autêntica Editora, 2011.

SOARES, C. L. et al. **Metodologia do ensino da Educação Física.** São Paulo: Cortez, 1992.

TANI, G. et al. **Educação Física escolar:** fundamentos de uma abordagem desenvolvimentista. São Paulo: EPU: Edusp, 1988.

VIEIRA, R. A. G. **Identidades docentes no Ensino Superior de Educação Física:** recorte da cidade de Sorocaba. 2013. 187 f. Dissertação (Mestrado em Educação) – Faculdade de Educação da Universidade de São Paulo, São Paulo, 2013.

5

Concepções de cultura corporal e seus reflexos no ensino da Educação Física

Lilian Cristina Gramorelli

Marcos Garcia Neira

A incorporação do conceito de cultura corporal pela Educação Física deu-se sob influência das teorias críticas. O sentido inicialmente atribuído à expressão surgiu em um contexto político e social de abertura democrática e modificação do papel da escola. Também foi concomitante à intenção de realçar uma nova função social do componente, contraposta ao ensino tradicional. Com a cultura corporal, o objeto de estudo da Educação Física modificou-se e ensejou outras práticas pedagógicas e intenções educativas que se afastaram daquelas propaladas pelas vertentes que elegeram o exercício físico e, mais tarde, o movimento como objetos do componente.

A literatura específica menciona a expressão "cultura corporal" a partir da década de 1980. Enquanto a educação vivia um período de grande ebulição de ideias em sintonia com as mudanças sociais, revelou-se o anacronismo que caracterizava a área ao buscar nos campos epistemológicos da biologia e da psicologia do desenvolvimento seus conceitos fundantes. Nas perspectivas psicobiológicas da Educação Física, o movimento se apresentava como objeto de ensino neutro, isento de qualquer influência político-ideológica. Uma vez que o trabalho educacional enfatizava o desenvolvimento de habilidades motoras e o aperfeiçoamento dos domínios do comportamento, com vistas ao desenvolvimento pleno dos sujeitos, os conteúdos do componente exerciam mera função instrumental.

A mudança paradigmática desencadeada pelas análises da escola feitas pelas teorias críticas e o diálogo cada vez mais intenso com as ciências humanas desestabilizaram os alicerces biologicistas, mecânicos e psicológicos da Educação Física, o que fez a área adotar uma compreensão do movimentar-se humano como fenômeno histórico-cultural e eleger a cultura corporal como objeto de estudo. Apesar dos alertas de Bracht (1999) acerca das distinções que envolvem a expressão e que se refletem em ações pedagógicas distintas, a Educação Física parece pouco sensível ao fato de que seu emprego indiscriminado pode ter como objetivo simplesmente envernizar o discurso convencional e propagandeá-lo como novo. Advém daí a necessidade de elucidar o assunto, alertando que abordar a cultura corporal nas aulas de Educação Física implica em recorrer a referenciais teóricos e encaminhamentos didáticos absolutamente distintos daqueles que caracterizam as propostas desenvolvimentista, esportivista, psicomotora e da educação para a saúde.

Convencional: Referência às propostas aceitas por uma ampla parcela da sociedade. No imaginário social, ainda perduram como objetivos do componente a melhoria da aptidão física, o ensino esportivo, o desenvolvimento motor e a otimização das funções psicomotoras (esquema corporal, estruturação espacial e orientação temporal).

Bracht utilizou a expressão "cultura corporal" como referência ao objeto próprio da Educação Física.

No seu sentido 'restrito', o termo Educação Física abrange as atividades pedagógicas tendo como tema o movimento corporal que tomam lugar na instituição educacional. No seu sentido 'amplo', tem sido utilizado para designar, inadequadamente a meu ver, todas as manifestações culturais ligadas à ludomotricidade humana, que no seu conjunto parece-me serem melhor abarcadas com termos como cultura corporal ou cultura de movimento (1989, p. 13).

O autor denunciou a subordinação da Educação Física aos sentidos que as instituições militar e esportiva atribuíram às práticas corporais e procurou reposicionar a área. Então, ele a definiu como um campo de estudos que abrange todas as manifestações abarcadas pelo conceito de cultura corporal, em detrimento das correntes que procuravam restringi-la ao estudo do movimento.

Em textos oficiais, a expressão foi empregada pela primeira vez em 1989, no documento intitulado *Contribuição ao debate do currículo em Educação Física: uma proposta para a escola pública*, publicado pelo estado de Pernambuco, durante o governo democrático de Miguel de Arraes Alencar. A pesquisa realizada por Vieira (2010) constatou que o caráter inovador da proposta, que propunha o ensino da Educação Física em uma dimensão diferente daquela exclusivamente centrada no desempenho motor, serviu como referência para construir os currículos do Distrito

Federal (1993) e dos estados de Minas Gerais (1995) e de São Paulo (1993).

No currículo oficial pernambucano, a cultura corporal integra o objetivo da Educação Física, ressaltando o estudo da expressão corporal como linguagem. Também enfatiza a apropriação do conhecimento sócio-histórico, a compreensão das técnicas de movimento e os significados conferidos aos temas da cultura corporal. No documento, cultura corporal é resultado da tematização de atividades expressivas corporais, como jogos, danças, lutas, exercícios ginásticos, esportes, malabarismos, mímica, entre outros.

Antes de passar a impressão de que se trata apenas de um jogo de cena ou de mera questão semântica, é importante elucidar o contexto e o que o surgimento desse conceito significou. Vale lembrar que, à época, sob o jugo da Lei nº. 5.692/71 e do Decreto nº. 69.450/71, a Educação Física era concebida como atividade e suas aulas deveriam restringir-se ao ensino de técnicas corporais. A imensa maioria dos professores em atuação havia sido formada em cursos pautados na Resolução CFE nº. 69/1969, que fixava o currículo mínimo da licenciatura em poucas disciplinas agrupadas em fundamentos biológicos, didáticos e gímnico-desportivos. Afinal, a sociedade esperava que a Educação Física cumprisse bem seu papel de disseminar os códigos esportivos às novas gerações.

> **Licenciatura:** O diploma concedido era de Licenciatura Plena em Educação Física; o bacharelado na área foi criado a partir da Resolução CFE nº. 03/1987.

Nesse mesmo período, no âmbito internacional, mais especificamente na Alemanha, as consequências desse processo foram apontadas por Dieckert et al. (1985). No Brasil, Medina (1983), Bracht (1986) e Ferreira (1987) conclamaram a Educação Física a rever seus pressupostos e mudar de direção. Em uma sociedade em plena ebulição, recém-saída do movimento Diretas Já, as aulas do componente não poderiam mais parasitar a escola, dificultando a formação de sujeitos desejada para uma democracia.

> **Didáticos:** Estipulados pela Resolução CFE nº. 09/1969, limitavam-se a Psicologia do Desenvolvimento, Estrutura e Funcionamento do Ensino de 1º e 2º Graus e Didática.

A expressão *cultura corporal* emergiu, então, em um contexto sociopolítico bastante específico, em uma conjuntura de crítica à esportivização hegemônica na Educação Física brasileira.

> *Foi a partir das críticas realizadas por Dieckert (1985) à visão de esporte de alto nível que esse conceito se fez presente. O autor buscava uma Educação Física mais humana dentro da concepção do 'Esporte para Todos', onde fosse discutida e criada uma 'nova antropologia' que colocasse como centro da questão 'uma cultura corporal própria do povo brasileiro' (SOUZA JÚNIOR et al., 2011, p. 395).*

Soares et al., em uma publicação de 1992, trouxeram à tona o reducionismo biológico e psicológico que nublava a Educação Física convencional. Anunciaram que o conceito de cultura corporal decorria da existência de uma produção humana corpórea transformada em patrimônio cultural.

A Educação Física é uma disciplina que trata, pedagogicamente na escola, do conhecimento de uma área aqui denominada de cultura corporal. Ela será configurada com temas ou formas de atividades, particularmente corporais, como as nomeadas anteriormente: jogo, esporte, ginástica, dança ou outras, que constituirão seu conteúdo. O estudo desse conhecimento visa apreender a expressão corporal como linguagem (SOARES et al., 1992, p. 61).

Pautados no materialismo histórico, esses autores defendiam que a seleção e a organização dos conteúdos da aula deveriam promover a leitura da realidade brasileira, buscando uma aproximação com a prática social e cultural estabelecida, o que, de certa maneira, rompia com os pressupostos norteadores vigentes. Para os autores dessa proposta, a cultura corporal era o conteúdo próprio da Educação Física. Na visão de Neira e Nunes (2006), a contribuição dessa obra não se encerra na redefinição do objeto de estudo do componente, sua ousadia consistiu em pontuar os interesses embutidos no ensino tradicional do componente. Além disso, ela marcou definitivamente a área ao alertar que qualquer consideração sobre a pedagogia mais apropriada deve versar não apenas sobre como ensinar, mas também sobre como elaborar conhecimentos, valorizando a contextualização dos fatos e a retomada do processo histórico.

Etnografias: Resende, Soares e Moura (2009); Mendes et al. (2010) e Bassani, Torri e Vaz (2003), entre outros.

Análises: Merecem destaque os trabalhos de Bracht (1997) e Bracht e Crisório (2003), nos quais os autores vinculam a crise de identidade da área à dificuldade de implementar modificações na prática pedagógica com base no conceito de cultura corporal.

Apesar de todas as críticas deflagradas pelos acadêmicos às aulas que se efetivavam nas escolas, as mudanças tão almejadas não aconteceram. Diversas etnografias e análises evidenciaram que o esforço concentrado para produzir uma proposta que se mostrasse exequível não surtiu os efeitos esperados. As pesquisas que mapearam a prática, em geral, sinalizaram a distância entre aquilo que se propunham a fazer e o que realmente acontecia nas aulas.

No final da década de 1990, a expressão *cultura corporal* viu-se consagrada, ao menos em termos oficias, quando foi adotada pelos Parâmetros Curriculares Nacionais (BRASIL, 1997; 1998; 1999). Todavia, uma análise mais detida desses documentos permitiu verificar que os discursos neles contidos procuram fazer um diálogo entre as várias concepções do componente, conferindo uma sobrevida às noções psicobiológicas e anunciando interfaces com a educação para a saúde. Não há dúvida de que, ao recorrer a tal alquimia, os textos oficiais contribuíram para enfraquecer a criticidade que fez surgir o conceito.

> *Entende-se a Educação Física como uma área de conhecimento da cultura corporal de movimento e a Educação Física escolar como uma disciplina que introduz e integra o aluno na cultura corporal de movimento, formando o cidadão que vai produzi-la, reproduzi-la e transformá-la, instrumentalizando-o para usufruir dos jogos, dos esportes, das danças, das lutas e das ginásticas em benefício do exercício crítico da cidadania e da melhoria da qualidade de vida (BRASIL, 1998, p. 29).*

Gramorelli (2007) denunciou a confusão conceitual presente nos Parâmetros Curriculares Nacionais, com consequências drásticas para o ensino da Educação Física, quando apontou divergências nos documentos destinados aos segmentos da Educação Básica. O texto referente aos primeiros anos do Ensino Fundamental apresenta a Educação Física como *cultura corporal* sem explicitar os fundamentos que a sustentam (BRASIL, 1997, p. 25). A proposta que abarca os anos finais mistura várias tendências da área e entende a Educação Física como *cultura corporal de movimento* (BRASIL, 1998, p. 26). O material voltado ao Ensino Médio, por sua vez, apoia-se nas teorias biológicas para defender a educação para a saúde (BRASIL, 1999, p. 157). Propõe a adoção dessa tendência com base nas demandas da sociedade atual, mas, paralelamente, anuncia que o aluno do Ensino Médio deve possuir sólidos conhecimentos sobre a cultura corporal (BRASIL, 1999, p. 159). Não é surpresa essa confusão ter favorecido múltiplas interpretações e, mais do que isso, ter reverberado em desencontro e incoerência na sustentação teórica dos documentos oficias e nas proposições didáticas. Nesse emaranhado discursivo provocado pelos documentos oficiais, acontecer o pior: o esmorecimento de sua visão crítica. Vale perguntar se poderia ser diferente, haja vista que os documentos foram gestados em pleno governo neoliberal e coordenados por grupos distintos.

É certo que o diálogo da Educação Física com as teorias críticas da educação apresentou um novo quadro de perspectivas pedagógicas diferentes das concepções até então presentes na área. Isso possibilitou a compreensão de que os conteúdos que eram ensinados encontravam-se marcados pelas relações sociais

Alquimia: Metáfora empregada por Vieira (2013) como forma de referir-se à tentativa apresentada em algumas obras e, até mesmo, defendida pelos professores de fazer dialogar concepções de Educação Física absolutamente distintas. Neira e Nunes (2009) enxergam nessa artimanha neoliberal uma forma de desqualificar os discursos de resistência que começavam a surgir na área.

e transmitiam a ideologia dominante. As teorias críticas questionaram os objetivos e meios adotados pela educação escolar e, consequentemente, pela Educação Física, que incorporou o conceito de cultura corporal como forma de expressar outra visão do componente, evidenciando que algo mais acontecia nas aulas além da fixação de gestos técnicos padronizados e da execução de exercícios voltados para a melhoria da aptidão física. Com a contribuição das teorias críticas, a Educação Física passou a situar as práticas corporais no contexto social mais amplo, entendendo-as como suportes onde se fixavam os signos da classe social em que foram criadas e recriadas.

A disseminação do termo *cultura corporal* foi necessária para desnaturalizar o componente, já que passou a situar de forma social e histórica seu objeto de estudo, tentando superar a neutralidade e as concepções apolíticas até então em vigor. A função social da Educação Física na perspectiva das teorias críticas se distanciava da formação do corpo saudável ou habilidoso projetada pelos grupos mais bem situados na pirâmide social. Mas, além das teorias críticas, o conceito receberia ainda a contribuição de outros campos teóricos.

Em meados dos anos 1990, o debate em torno da cultura corporal foi nutrido pelo diálogo que a Educação Física travou com a antropologia, principalmente, por meio das obras de Daolio (1995; 1997) que, apoiado na perspectiva interpretativa de Cliford Geertz, incorporou ao conceito a noção de significado cultural e, consequentemente, ampliou o leque de conteúdos e a forma de compreendê-los e desenvolvê-los na escola. O olhar antropológico foi decisivo para que as práticas corporais fossem compreendidas como textos produzidos pela linguagem corporal, passíveis, portanto, de múltiplas leituras, a depender dos significados que lhes são atribuídos. Todavia, há de se dizer também que essa visão mostrou-se preocupada exclusivamente com o etnocentrismo que contamina o olhar daquele que se debruça sobre a produção cultural de outrem, sem chamar a atenção para as relações de poder que atravessam a produção e a leitura de qualquer prática corporal.

Não obstante, com a chegada do século XXI, o conceito de cultura corporal recebeu outras influências. Diante das novas configurações sociais, o debate educacional foi enriquecido com o aporte das teorias pós-críticas. Geradas no calor dos movimentos que questionaram os desígnios culturais, políticos e econômicos postos pela Modernidade, tais teorias ampliaram as análises

> **Cliford Geertz:** Deve-se ao trabalho do antropólogo Cliford Geertz (1989) a noção de cultura enquanto teia de significados, e aos artefatos, a concepção de textos a serem interpretados.

realizadas pelas teorias críticas indagando as pretensões totalizantes das grandes narrativas, do sujeito autônomo e centrado do projeto moderno e dos processos de dominação e poder baseados em relações sociais pautadas nas divisões de classe.

As teorias críticas chamaram a atenção para regras e conteúdos transmitidos pela escola capitalista, questionaram o modo como o conhecimento é produzido e validado socialmente, apontaram as injustiças dos modelos reprodutores dos sistemas sociais e denunciaram a educação como campo em que ideologias se confrontam para impor sua lógica. As teorias pós-críticas deslocaram a maneira de conceber a pedagogia, que passou a ser vista como prática social e, por conseguinte, cultural, resultante da linguagem, dos textos, dos discursos, das relações de poder, da história e dos processos de subjetivação. Nas teorias pós-críticas, o poder torna-se descentrado, espalhado por toda rede social. O conhecimento não é exterior ao poder, é parte inerente dele. A subjetividade é social, o que contraria a noção crítica da existência de um núcleo subjetivo que precisa ser restaurado. As teorias pós-críticas ampliam e, ao mesmo tempo, modificam aquilo que as teorias críticas ensinaram.

Em contraste com as teorias críticas, as teorias pós-críticas não limitam a análise do poder ao campo das relações econômicas do capitalismo. Com as teorias pós-críticas, o mapa do poder é ampliado para incluir os processos de dominação centrados na raça, na etnia, no gênero e na sexualidade (SILVA, 2011, p. 149).

As dificuldades de compreender a paisagem social que se constituiu no final do século XX evidenciaram o esgotamento das teorias existentes e anunciaram o surgimento de outros campos conceituais (pós-modernismo, pós-estruturalismo, pós-colonialismo, multiculturalismo e Estudos Culturais, entre outros). As temáticas que afligem os sujeitos contemporâneos tornaram necessárias categorias de análise que permitam descortinar as relações travadas entre poder e identidade e entre escola e sociedade pós-moderna.

O pós-modernismo é um movimento intelectual que proclama uma nova época histórica, a Pós-Modernidade, radicalmente diferente da anterior, a Modernidade (SILVA, 2011). Na Pós-Modernidade, questionam-se os princípios e pressupostos do pensamento social e político estabelecidos e desenvolvidos a partir do Iluminismo. O sujeito que tinha na Modernidade sua

94 Educação Física cultural

Pensamento estruturalista: O pensamento estruturalista tem sua origem na linguística estrutural desenvolvida por Ferdinand Saussure na virada do século XIX para o XX. Seus principais representantes foram: Claude Lévi-Strauss, Roland Barthes, Louis Althusser e Jacques Lacan.

Linguagem: O estruturalismo considera que toda estrutura é apresentada em forma de linguagem e seu sentido se expressa por meio da diferença dos diversos signos e dos significados a eles atribuídos (SAUSSURE, 1977). A título de exemplo, Neira e Nunes (2009) apontam que, em uma apresentação de ginástica rítmica desportiva a "estrutura" pode ser compreendida pela relação estabelecida entre as partes constituintes. Os signos bola, corda, fita, arco, maça, atleta não recebem o mesmo sentido caso se apresentem isoladamente. A estrutura da linguagem não verbal ginástica rítmica desportiva somente ganha sentido/significado pela relação entre as partes.

Relações de poder: Silva (2003) sintetiza na transformação da noção de poder uma das contribuições fundamentais do pós-estruturalismo ao currículo pós-crítico. Nesse sistema, o poder não é algo fixo, não parte de um centro nem é algo externo que pode ser tomado, como propuseram as teorias críticas de currículo. »

identidade estável e bem definida está se tornando fragmentado, composto não de uma, mas de várias identidades (HALL, 2006). O pós-modernismo coloca em suspeita os princípios das "grandes narrativas" da Modernidade, pois elas nada mais são que a expressão da vontade de domínio e controle dos modernos. Também rejeita a divisão entre "alta" e "baixa" cultura, entre conhecimento científico e conhecimento cotidiano (SILVA, 2011).

O diálogo da Educação Física com os referenciais pós-modernos possibilita outras formas de constituição da experiência pedagógica, descentralizando o papel do conhecimento científico e valorizando os saberes pertencentes ao senso comum, à cultura popular e à cultura paralela à escola. Ademais, os pressupostos do pós-modernismo favorecem a construção de atividades de ensino que reconhecem e valorizam as múltiplas identidades presentes na sociedade, colocando em xeque a promessa educacional moderna: a libertação do homem por meio do conhecimento científico.

O pós-estruturalismo, por sua vez, pode ser entendido como continuidade e, ao mesmo tempo, transformação e superação do pensamento estruturalista. Mais precisamente, o pós-estruturalismo revela os problemas enfrentados pela visão estruturalista da linguagem, quando procura explicitar a complexidade com que homens e mulheres "leem" e interpretam a realidade. Influenciado pelas proposições de Gilles Deleuze, Michel Foucault e Jacques Derrida, o pós-estruturalismo tomou a linguagem como não fixa e, portanto, não mais centrada na correspondência inquestionável entre um signo e seu significado. Nele, a linguagem passa a ser compreendida como movimento, em constante fluxo, sempre indefinida, sempre adiada e imersa em relações de poder.

Na visão pós-estruturalista, a fixidez do significado transforma-se em fluidez, indeterminação e incerteza. O pós-estruturalismo desconfia das definições filosóficas de "verdade"; a questão não é saber se algo é ou não verdadeiro, mas por que se tornou verdadeiro. Ao implodir os binarismos de que é feito o conhecimento presente na escola (masculino/feminino, heterossexual/homossexual, branco/negro, científico/não científico), coloca sob suspeita a concepção de sujeito autônomo, centrado e unitário. Não existe sujeito para o pós-estruturalismo, a não ser como simples e puro resultado de um processo de produção cultural e social (FOUCAULT, 1995).

Um olhar pós-estruturalista para o ensino da Educação Física permite a inclusão de todas as tradições culturais para que muitas vozes possam ser representadas, pois nele não se discute nem se atribui valoração a esta ou aquela prática corporal. Uma proposta de Educação Física inspirada no pós-estruturalismo considera legítimas todas as manifestações da cultura corporal (NEIRA; NUNES, 2009).

> » Com base em Foucault (1992), o poder deve ser entendido como uma multiplicidade de relações de forças imanentes que formam cadeias ou sistemas, que, por sua vez, são transitórios e instáveis.

No tocante à teorização pós-colonial, a ênfase recai nas relações de poder entre as nações que influenciam a dissipação de narrativas que produzem o outro como estranho ou exótico. As formas de representar os grupos étnicos e religiosos minoritários encontram-se em toda parte, por exemplo, nos materiais didáticos utilizados pelos professores ou nas formas de representar os participantes das práticas corporais. O pós-colonialismo busca analisar os discursos elaborados do ponto de vista do dominante e os produzidos por pessoas oriundas das regiões empobrecidas. À perspectiva pós-colonial, somam-se as análises pós-modernas e pós-estruturalistas para questionar as relações de poder e as teorias que colocam o sujeito imperial europeu em sua atual posição privilegiada. Os conceitos de representação, hibridismo e mestiçagem tornam-se centrais, pois permitem conceber as culturas dos espaços coloniais ou pós-coloniais como resultados de complexas relações de poder em que tanto a cultura dominante quanto a dominada se veem profundamente modificadas (SILVA, 2011).

Não deixa de ser interessante fazer uma análise pós-colonialista das propostas convencionais da Educação Física. É notório o privilégio das práticas corporais de origem euro-estadunidense, brancas, do hemisfério norte e com fortes raízes cristãs e masculinas, em detrimento de outras mais próximas dos referenciais culturais do povo brasileiro (NEIRA; NUNES, 2009). Dado que brincadeiras, danças, lutas, esportes e ginásticas são textos da cultura que veiculam significados, é fácil concluir que nenhuma seleção é isenta. Seja qual for a manifestação escolhida, a cultura corporal que a distingue posiciona o sujeito da educação de uma forma ou outra, interferindo na sua constituição identitária.

A análise do contexto atual também foi beneficiada com o surgimento do multiculturalismo. Trata-se de um movimento de reivindicação dos grupos dominados no interior dos países do hemisfério norte que visavam ter suas formas culturais socialmente reconhecidas e representadas (SILVA, 2011). O grande fluxo migratório em direção aos países ricos ocasionou conflitos em virtude do convívio forçado de diferentes culturas. De certa maneira, isso incitou os representantes das minorias subjugadas a

> Multiculturalismo: O multiculturalismo é abordado com mais profundidade no Capítulo 7.

criar um instrumento de luta: o multiculturalismo. Essa vertente levanta uma importante questão ao transferir para o terreno político a compreensão da diversidade que, por muito tempo, esteve restrita à antropologia. Nesse campo, não existe hierarquia entre as culturas, não existe nenhum critério transcendente pelo qual uma cultura possa ser julgada superior à outra. Eis seu impulso inicial, que ressalta que cada cultura é resultado das diferentes formas com que seus membros, dadas suas próprias condições históricas e ambientais, intervêm nesses espaços (SILVA, 2011).

Desses pressupostos, surge o multiculturalismo liberal ou humanista, que faz um apelo à essência humana e apoia-se na ideia de que as diversas culturas seriam resultado das diferentes formas pelas quais os variados grupos realizam o potencial criativo que caracteriza todos os seres humanos. Nos dizeres de Silva (2011, p. 86), "em nome dessa humanidade comum que esse tipo de multiculturalismo apela para o respeito, a tolerância e a convivência pacífica entre as culturas. Deve-se tolerar e respeitar a diferença porque sob a aparente diferença há uma mesma humanidade".

Na perspectiva crítica do multiculturalismo, não é apenas a diferença que é resultado de relações de poder como também a própria definição daquilo que pode ser entendido como "humano". Uma proposta pedagógica inspirada nessa concepção não se limita a ensinar a tolerância e o respeito, ela insiste na análise dos processos pelos quais as diferenças são produzidas por meio de relações assimétricas e desiguais. Nesses termos, a diferença, mais que tolerada ou respeitada, é questionada permanentemente.

O ensino de Educação Física baseado no multiculturalismo crítico, além de incluir o estudo das práticas corporais pertencentes a grupos distintos, promove uma reflexão sobre como essas diferenças foram socialmente produzidas e estabelecidas. O multiculturalismo crítico problematiza e questiona a cultura corporal vigente ao priorizar atividades que investigam os mecanismos que a regulam.

Outra teoria pós-crítica que oferece ferramentas para compreender a atualidade são os Estudos Culturais. Seu eixo de pesquisa principal consiste nas relações entre a cultura contemporânea e a sociedade, consubstanciadas nas práticas sociais e nas instituições. Em meados da década de 1960, as análises produzidas pelo Centre for Contemporary Cultural Studies (CCCS), da Universidade de Birmingham, na Inglaterra, indagavam a concepção disseminada pela crítica literária britânica que associava a cultura à produção de um grupo restrito de pessoas. Os resultados desse debate materializaram-se em *Culture and society* (1958), de Raymond Williams, e em *Uses of literacy* (1957), de Richard Hoggart. Posteriormente, Edward Thompson contribuiu de maneira decisiva ao publicar *The making of the English working class* (1968). Esses trabalhos renovaram a concepção de cultura e serviram de sustentação teórica e metodológica à premissa de que inexistem, em termos culturais, diferenças entre as chamadas grandes obras literárias e aquelas relacionadas às manifestações de grupos subjugados, tais como as pertencentes às classes operárias. Silva (2003) ressalta que essa definição inclusiva de cultura foi posteriormente ampliada, abrangendo o que na literatura anglo-saxônica ficou conhecida como "cultura popular", isto é, as produções da cultura de massa: livros populares, tabloides, rádio, televisão e mídia em geral.

O aparecimento dos Estudos Culturais deve ser analisado do ponto de vista político, pois objetivam a construção de um projeto de transformação social, e do ponto de vista teórico, porque pretendem compor um novo campo conceitual baseado na interdisciplinaridade e comprometido com a mudança na representação das relações de poder. Historicamente, os Estudos Culturais sofreram influências de variadas correntes. Escosteguy (2010) explica que o amparo inicial no marxismo foi importante para analisar a interface da cultura e da economia. Apesar da crítica ao reducionismo e ao economicismo e da contestação do modelo de base-superestrutura, a perspectiva marxista contribuiu para os Estudos Culturais por ter compreendido a "autonomia relativa" da cultura, o que significa que ela não é dependente das relações econômicas nem seu reflexo, mas sofre consequências que não devem ser desprezadas.

Nos anos 1970, segundo Hall (2009), o debate promovido pelos Estudos Culturais deslocou-se da perspectiva marxista para aspectos relacionados aos conceitos de ideologia e hegemonia de Antonio Gramsci. Sob influência do filósofo italiano, o projeto político dos Estudos Culturais incluiu o conceito de "intelectual orgânico", passando a defender que o trabalho teórico intelectual e a ação política são inseparáveis. A produção intelectual não deixa de ser uma prática política. No princípio da década de 1980, inicia-se a internacionalização dos Estudos Culturais com a influência dos franceses Michel Foucault, Michel de Certeau, Pierre Bourdieu, entre outros. O predomínio do marxismo cede lugar ao pós-estruturalismo, gerando novos deslocamentos e rupturas dentro do campo.

Uma das mais importantes mudanças decorreu da influência feminista (HALL, 2009). A leitura dos processos identitários

> *Culture and society* (1958): WILLIAMS, R. **Cultura e sociedade**, *1780-1950*. São Paulo: Nacional, 1976.

> *Uses of literacy* (1957): HOGGART, R. **As utilizações da cultura**: aspectos da vida da classe trabalhadora, com especiais referenciais a publicações e divertimentos. Lisboa: Editorial Presença, 1973.

> *The making of the English working class* (1968): THOMPSON, E. P. **A formação da classe operária inglesa**: a maldição de Adão. Tradução de Renato Busatto Neto e Cláudia Rocha de Almeida. Rio de Janeiro: Paz e Terra, 1987.

baseada na classe social foi acrescida de aspectos como: o entendimento da questão do pessoal como algo político, a expansão radical da noção de poder, a centralidade nas questões de gênero e sexualidade para compreender o próprio poder, a subjetividade e o sujeito como centrais na prática teórica e a reabertura para a psicanálise. Também eclodiram críticas pautadas em questões étnicas, resistência ao racismo e política cultural.

Como ressalta Escosteguy (2006), os Estudos Culturais foram se transformando, mudando sua base fundamental, de modo que a classe deixou de ser o conceito crítico central e passou a ser mais uma variável nas análises. Em relação a essas transformações, Hall (2009) considera que a "virada linguística" descentrou o caminho dos Estudos Culturais. A emergência da discursividade desencadeou a necessidade de repensar questões de cultura por meio de metáforas da linguagem e da textualidade. Atualmente, além da identidade e da subjetividade, outras temáticas são focalizadas pelas análises dos Estudos Culturais, entre elas a discussão sobre pós-modernismo, globalização, força das migrações, papel do Estado-nação e suas repercussões no processo de construção de identidades (ESCOSTEGUY, 2006).

O campo dos Estudos Culturais permite um olhar diferenciado para a pedagogia. Entendida como artefato cultural, uma proposta de ensino é um campo de luta em torno da significação e da identidade, em que diferentes grupos sociais tentam estabelecer sua hegemonia. A ação didática e os conteúdos são construções sociais, encontram-se imersos nas relações de poder que incluíram determinados saberes e excluíram outros (SILVA, 2011).

No processo histórico da Educação Física, por exemplo, constata-se a supervalorização da cultura corporal hegemônica e o desprezo pelos conhecimentos pertencentes aos grupos desprovidos de poder.

A trajetória do componente, quando não conferiu exclusividade aos conteúdos oriundos da cultura dominante, tratou de prestigiar atividades e práticas corporais próprias da cultura escolar, inventadas com o objetivo primordial de transmitir conhecimentos valorizados pelos grupos privilegiados. É o caso, por exemplo, dos jogos pré-desportivos, das sequências pedagógicas, dos contestes ou das atividades para o ensino de conhecimentos e atitudes, tão frequentes nos currículos esportivo, globalizante e desenvolvimentista (NEIRA; NUNES, 2009, p. 207).

Em sentido oposto, o campo dos Estudos Culturais inspira o ensino da Educação Física a apagar fronteiras entre a cultura popular e a acadêmica, ou entre a cultura de elite e a cultura de massa, buscando abalar a concepção de que a produção do conhecimento pertence ao curso natural da história e sinalizar que os saberes oriundos das comunidades escolares e os advindos dos setores em vantagem devem ser legitimados. Uma proposta influenciada pelos Estudos Culturais equipara todas as práticas corporais, sem nenhuma separação entre o conhecimento tradicionalmente considerado como escolar e o conhecimento cotidiano.

Enfim, uma proposta de ensino pautada nas teorias pós-críticas, norteada não somente pelos Estudos Culturais como também pelas contribuições do pós-modernismo, do pós-estruturalismo, do pós-colonialismo e do multiculturalismo, não promove a substituição da cultura corporal dominante pela dominada.

O que se defende é que diversos temas relativos à cultura corporal subordinada sejam incluídos na agenda dos debates escolares, por terem sido ao longo dos séculos desdenhados e tergiversados. Também se defende que a cultura corporal dominante seja analisada sob outros ângulos, isto é, tomando por base as crenças epistemológicas não dominantes (NEIRA; NUNES, 2009, p. 251).

Explicitadas as contribuições das teorias pós-críticas para o ensino da Educação Física, resta identificar suas influências sobre o conceito de cultura corporal. De forma resumida, é possível dizer que à concepção antropológica de cultura empregada pelas teorias críticas são acrescidas as noções de discurso e identidade oriundas dos Estudos Culturais e do multiculturalismo crítico. Tais noções são concretizadas no entendimento de cultura como campo de lutas atravessado por relações de poder que atuam na validação de determinados significados em detrimento de outros.

Vistas sob esse prisma, as práticas corporais adquirem o *status* de textos culturais cujos significados são fruto do embate entre grupos e setores da sociedade. Em certo contexto, uma modalidade esportiva pode ser produzida discursivamente como feminina e, em outro, como masculina (é o caso do futebol no Brasil e nos Estados Unidos); uma dança popular pode ser desterritorializada e, em seguida, apropriada por membros de outra classe, como a elite (tome-se como exemplo o forró universitário); finalmente, uma luta tida como prática marginal

Transição: No século XXI, as chamadas modalidades de combate reúnem milhares de praticantes. Fazendo uso de mídias diversas, o Ultimate Fighting Championship (UFC), organização que promove eventos, atrai espectadores em todo o mundo.

e desprestigiada em certo momento pode, em outra época, ter seu sentido relacionado a um grande espetáculo (a transição experimentada pelas lutas é uma boa ilustração desse fato). Nas situações mencionadas, o que definiu uma posição ou outra não foi algo próprio, específico da prática corporal em tela, mas sim o resultado de ações e discursos que legitimaram o significado que interessava aos grupos mais poderosos.

Compreender a cultura corporal como terreno de disputa entre setores da sociedade implica na adoção de atividades de ensino que proporcionem a identificação das forças em atuação e de quem são os interessados. Além disso, são desejáveis a organização e o desenvolvimento de situações didáticas que possibilitem aos estudantes conhecer discursos e posicionamentos antagônicos com relação à prática corporal objeto de estudo e seus representantes. Quando as teorias pós-críticas inspiram o conceito de cultura corporal, as experiências pedagógicas da Educação Física combatem a fixação dos significados por meio da hibridização discursiva.

Evidentemente, o olhar pós-crítico sobre a cultura corporal é avesso a manuais técnicos de aplicação ou sequências de atividades predefinidas. Não há como dizer "faça assim, assim e assim e se torne pós-crítico". Tampouco se espera que essa visão adquira hegemonia na área. Isso seria pura contradição. Uma atuação didática que se coaduna com a ideia de que a cultura corporal é um território contestado requer certa configuração do ambiente institucional. Para começar, todos os envolvidos têm de reconhecer o trabalho pedagógico como um conjunto de experiências pautadas na incerteza dos resultados. A análise cultural das práticas corporais e sua reconstrução crítica são o eixo principal das ações docentes e discentes. Os significados atribuídos a brincadeira, dança, luta, esporte e ginástica como objetos de estudo e os dispositivos que influenciaram sua produção têm de ser discutidos, assim como a vivência e a recriação corporal. Colocado de outra maneira, o exame da teia de relações que envolvem uma dada prática corporal não pode divorciar-se da experiência de elaboração por parte dos estudantes.

O ensino da Educação Física baseado nas teorias pós-críticas consiste na promoção do diálogo entre as múltiplas lógicas que atravessam os diferentes grupos que coabitam a sociedade e veiculam seus significados por meio da cultura corporal. Assim como qualquer outro, esse conceito está em contínua reconstrução no jogo das relações de poder. Transformadas em objeto de estudo, as práticas corporais são vistas como artefatos culturais gerados no campo de disputas da cultura mais ampla. Nelas são impressos os signos dos grupos sociais que as criam e recriam. Se estudantes e professores puderem entendê-las dessa forma, terão dado um passo decisivo para compreender o que acontece na sociedade.

REFERÊNCIAS BIBLIOGRÁFICAS

BASSANI, J. J.; TORRI, D.; VAZ, A. F. Sobre a presença do esporte na escola: paradoxos e ambiguidades. **Movimento**, Porto Alegre, v. 9, n. 2, p. 89-112, 2003.

BRACHT, V. A constituição das teorias pedagógicas da Educação Física. **Cadernos Cedes**, Campinas, ano 19, n. 48, p. 69-88, ago. 1999.

_____. A criança que pratica esporte respeita as regras do jogo... capitalista. **Revista Brasileira de Ciências do Esporte**, Campinas, v. 7, n. 2, p. 62-68, 1986.

_____. Educação Física: a busca da autonomia pedagógica. **Revista da Fundação de Esporte e Turismo**, Maringá, v. 1, n. 2, p. 2-19, 1989.

_____. Educação Física: conhecimento e especificidade. In: SOUSA, E. S. de; VAGO, T. M. (Org.). **Trilhas e partilhas:** educação física na cultura escolar e nas práticas sociais. Belo Horizonte: Cultura, 1997.

_____. Identidade e crise da Educação Física: um enfoque epistemológico. In: _____.; CRISÓRIO, R. (Org.) **A Educação Física no Brasil e na Argentina:** identidades, desafios e perspectivas. Campinas: Autores Associados, 2003.

BRASIL. Ministério da Educação e Desporto. Secretaria da Educação Fundamental. **Parâmetros Curriculares Nacionais:** primeiro e segundo ciclos do Ensino Fundamental – Educação Física. Brasília, 1997.

_____. Ministério da Educação e Desporto. Secretaria da Educação Fundamental. **Parâmetros Curriculares Nacionais:** terceiro e quarto ciclos do Ensino Fundamental – Educação Física. Brasília, 1998.

_____. Ministério da Educação e Desporto. Secretaria da Educação Média e Tecnológica. **Parâmetros Curriculares Nacionais:** Ensino Médio. Brasília, 1999.

DAOLIO, J. **Cultura:** Educação Física e futebol. Campinas: Ed. da Unicamp, 1997.

_____. **Da cultura do corpo**. Campinas: Papirus, 1995.

DIECKERT, J. et al. **Elementos e princípios da Educação Física:** uma antologia. Rio de Janeiro: Ao Livro Técnico, 1985.

ESCOSTEGUY. A. C. D. **Cartografias dos Estudos Culturais:** uma versão latino-americana. Belo Horizonte: Autêntica, 2010.

_____. Estudos Culturais: uma introdução. In: SILVA. T. T. **O que é, afinal, Estudos Culturais?** Belo Horizonte: Autêntica, 2006.

FERREIRA, V. L. C. **Prática da Educação Física no 1º grau**. São Paulo: Ibrasa, 1987.

FOUCAULT, M. **Microfísica do poder.** Rio de Janeiro: Graal, 1992.

_____. O sujeito e o poder. In: RABINOW, P.; DREYFUS, H. **Michel Foucault:** uma trajetória filosófica. Para além do estruturalismo e da hermenêutica. São Paulo: Forense Universitária, 1995.

GEERTZ, C. **A interpretação das culturas**. Rio de Janeiro: Livros Técnicos e Científicos Editora, 1989.

GRAMORELLI, L. C. **O impacto dos PCN na prática dos professores de Educação Física**. 2007. 146 f. Dissertação (Mestrado em Educação) – Faculdade de Educação da Universidade de São Paulo, São Paulo, 2007.

HALL, S. **Da diáspora:** identidades e mediações culturais. Belo Horizonte: Editora UFMG, 2009.

_____. **A identidade cultural na Pós-Modernidade**. Rio de Janeiro: DPA, 2006.

MEDINA, J. P. S. **A Educação Física cuida do corpo e... "mente".** Campinas: Papirus, 1983.

MENDES, M. I. B. S. et al. Reflexões sobre o fazer pedagógico da Educação Física. **Revista Motriz**, Rio Claro, v. 16, n. 1, p. 199-206, 2010.

NEIRA, M. G.; NUNES, M. L. F. **Educação Física, currículo e cultura**. São Paulo: Phorte, 2009.

_____; _____. **Pedagogia da cultura corporal:** crítica e alternativas. São Paulo: Phorte, 2006.

RESENDE, H. G.; SOARES, A. J. G.; MOURA, D. L. Caracterização dos modelos de estruturação das aulas de Educação Física. **Revista Motriz**, Rio Claro, v. 15, n. 1, p. 37-49, 2009.

SAUSSURE, F. **Curso de linguística geral**. São Paulo: Cultrix, 1977.

SILVA. T. T. **O currículo como fetiche:** a poética e a política do texto curricular. Belo Horizonte: Autêntica, 2003.

_____. **Documentos de identidade:** uma introdução às teorias do currículo. Belo Horizonte: Autêntica, 2011.

SOARES, C. L. et al. **Metodologia do ensino de Educação Física**. São Paulo: Cortez, 1992.

SOUZA JÚNIOR, M. et al. Coletivo de autores: a cultura corporal em questão. **Revista Brasileira de Ciência do Esporte**, Florianópolis, v. 33, n. 2, p. 391- 411, abr./jun. 2011.

VIEIRA. F. C. T. **A disciplina Educação Física nos Parâmetros Curriculares Nacionais para o terceiro e quarto ciclos do Ensino Fundamental:** inovações e permanências. 2010. 152 f. Dissertação (Mestrado em Educação). Pontifícia Universidade Católica de São Paulo, São Paulo, 2010.

VIEIRA, R. A. G. **Identidades docentes no Ensino Superior de Educação Física:** recorte da cidade de Sorocaba. 2013. 187 f. Dissertação (Mestrado em Educação) – Faculdade de Educação da Universidade de São Paulo, São Paulo, 2013.

6

Os Estudos Culturais e o ensino da Educação Física

Mário Luiz Ferrari Nunes

Marcos Garcia Neira

A educação escolar é um território contestado no qual convivem forças antagônicas. De um lado, encontram-se as que contribuem diretamente para uniformização dos modos de ser da cultura hegemônica, acatando o discurso econômico como única possibilidade de análise política e social. De outro estão as forças que lutam contra o enfraquecimento do espaço público, intensificando os debates pela justiça social e pelo reconhecimento da diversidade cultural, dos direitos civis e da afirmação da diferença.

O jogo pela definição do que venha a ser a meta da educação acentuou-se no Brasil a partir da promulgação da Constituição de 1988, que incidiu na atual Lei de Diretrizes e Bases da Educação nº. 9.394/1996, nas Diretrizes Curriculares da Educação Básica de 2010 e no Plano Nacional da Educação de 2014. A nova legislação decorreu de profundas e importantes transformações culturais promovidas pelo atual processo de globalização, que marcaram, nas últimas seis décadas, as formas de vida das sociedades e, consequentemente, o mundo do trabalho e as instituições. O que está em questão no presente momento é o governo das populações, que pode ser traduzido pelo controle dos processos de subjetivação.

Não é preciso fazer muito esforço para perceber que essas mudanças culturais forjaram teorias para a compreensão destes tempos. Também fizeram surgir novas propostas pedagógicas, desencadeando intensas e ruidosas repercussões nas políticas educacionais, fator que impactou diretamente no trabalho docente com vistas a equacionar os desafios contemporâneos.

Em virtude de seu compromisso com o exame das práticas sociais a partir do envolvimento com e no interior das relações de poder, os Estudos Culturais contribuem para as análises dos processos de regulação e modos de subjetivação presentes em qualquer intenção educacional. Sua recusa em desvincular a política do poder do processo de formação leva os Estudos Culturais a reforçarem a ideia de que a pedagogia não pode ignorar as difíceis relações entre cultura, Estado, mercado e sociedade civil, que definem os significados e as metas da educação escolar. Sendo assim, esse campo téorico, apesar da amplitude que caracteriza seu atual escopo de análise, tem muito a contribuir com a educação de modo geral e, em específico, com o ensino da Educação Física, haja visto o ferramental que disponibiliza para compreender os conflitos sociais e as lutas por hegemonia do ideário neoliberal.

Em meados do século XX, Williams (1969) caracterizou a época como um momento de "cultura em expansão". Para o crítico literário inglês, na ocasião, a análise da cultura suscitava mais lamentações e desencantos do que um trabalho árduo de interpretação das mudanças estruturais que a humanidade vinha passando. As dificuldades em explicar e compreender a emergência de novas e complexas formas culturais incitava desafios. Em seus escritos, Williams afirmava que essas transformações começaram a ser vividas mais intensamente a partir do segundo pós-guerra, percorreram variados domínios da existência humana e alteraram a tecnologia, economia, filosofia, ciências, educação, artes etc. Essa movimentação moldou maneiras de viver e pensar.

Para muitos autores, a própria humanidade transformou-se. O cenário proporcionou outras práticas e hábitos sociais e mentais em conjunção com formas de organização econômica inéditas, promovendo uma revolução cultural verificada nos modos de produção capitalista. Os novos meios de vida geraram necessidades para o governo das populações e dos sujeitos. É nesse contexto que emergem os Estudos Culturais.

Estudos Culturais: Para mais informações sobre o surgimento dos Estudos Culturais, ver Cevasco (2003).

Nas definições de Johnson (2004), os Estudos Culturais são compostos de muitas tradições intelectuais e políticas. Isso ajuda a compreender sua caracterização como um campo constituído de três pressupostos inseparáveis e interdependentes: um projeto político, uma inserção pós-moderna e uma perspectiva interdisciplinar. Tais aspectos nunca se fecham nem se concretizam, pois são constantemente alimentados e ressignificados pelo diálogo que estabelecem com novos autores, objetos e pontos de vista.

Como projeto político, os Estudos Culturais não pretendem ser imparciais nem neutros. Eles tomam partido dos grupos desprivilegiados nas relações de poder em sua luta por reconhecimento cultural e justiça social. Suas análises funcionam como forma de intervenção política, tendo como compromisso examinar qualquer prática cultural a partir de sua constituição sob influências de diferentes vetores de força. Por conta disso, suas investigações abrangem os mais diferentes campos da cultura e dirigem-se a zonas de conflito, como as disputas em torno das questões étnicas, de gênero, de sexualidade, geracionais etc. Os Estudos Culturais recusam-se a desvincular a política do poder e dos processos que definem as experiências que são consideradas válidas, dos modos de ser tidos como corretos e que legitimam certas identidades. Em suma, preocupam-se com a geometria do poder que caracteriza as relações sociais e combatem os mecanismos de opressão, não se restringindo apenas à formulação de uma linguagem crítica e denunciadora.

Desde Marx e Freud, vigora a ideia de que toda motivação para o funcionamento da sociedade é, em última análise, econômica. Olhando por esse prisma, o que tem dominado a história da humanidade é a necessidade de trabalhar. A fim de esclarecer qualquer tentativa de reduzir análises e formas de intervenção dos Estudos Culturais ao economicismo, Laclau (apud MCRO-BBIE, 1995) assevera que na contemporaneidade a luta pela transformação social não pode mais sustentar a ideia de que isso seja feito apenas por uma classe unida capaz de emancipar seus sujeitos da dominação. Enfatiza ainda que o antagonismo social encontra-se além das relações de produção e acrescenta à luta da classe trabalhadora outros agentes engendrados em várias disputas e movimentos sociais.

Hall (1992) corrobora e amplia esse pensamento ao assinalar que, nestes tempos em que as identidades são fragmentadas e plurais, novas lutas políticas foram estabelecidas e tornaram mais difíceis os processos de controle e regulação das populações. Frente a isso, as investigações no campo ultrapassaram os limites impostos por relações de classe, locais de trabalho e estruturas do capital e passaram a ser constituídas na cultura, na linguagem, no simbólico e no inconsciente. Os pesquisadores dos Estudos Culturais situam suas formas de trabalho no cruzamento entre as representações simbólicas, a vida cotidiana e as relações materiais de poder. Suas análises procuram contribuir para o desenvolvimento de uma cultura pública e de uma sociedade mais justa, tanto no que se refere à distribuição de renda como no reconheci-

Necessidade de trabalhar: Marx analisou as consequências da necessidade do trabalho para as relações sociais em termos de dominação política entre classes sociais distintas. Freud, por sua vez, estudou as implicações das necessidades do trabalho para a vida psíquica. Posteriormente, os pensadores da Escola de Frankfurt elaboraram teorias baseadas nesses autores para explicar os efeitos da indústria cultural no comportamento social das populações urbanas.

mento da alteridade. A intenção é possibilitar às pessoas uma atuação coletiva nos espaços sociais, enfraquecer as estratégias de dominação e melhorar as condições de existência.

Ao longo de sua trajetória, o campo dos Estudos Culturais nutriu-se do debate pós-moderno, sobretudo na percepção do fim das grandes narrativas que constituíram o projeto moderno, e da crítica pós-estruturalista, que radicalizou o papel da linguagem na definição da realidade. Os Estudos Culturais apoiam-se na desconfiança desses campos filosóficos, questionam as certezas promovidas pelos métodos de pesquisa positivistas e seus pressupostos teóricos, negam qualquer conhecimento como verdade absoluta e a noção de um sujeito dotado de uma consciência unificada.

Os Estudos Culturais interpelam as noções totalizadoras da cultura e afirmam que as práticas culturais distanciam-se do fechamento de fronteiras promovido pelo conhecimento acadêmico moderno, que insiste em determinar contornos disciplinares para as análises da realidade e delimitar o significado das coisas da vida. A complexidade das ações sociais e a impossibilidade de definição do significado, logo, da realidade, impedem que qualquer disciplina, por mais ampla que seja sua proposição, apreenda e determine o que as coisas são e podem ser. Essas dificuldades fazem com que o campo dos Estudos Culturais seja interdisciplinar, muitas vezes pós-disciplinar e até mesmo antidisciplinar, recusando-se a compartimentar qualquer forma de conhecimento (JOHNSON, 2004; NELSON; TREICHLER; GROSSBERG, 2008; FROW; MORRIS, 2006).

Frente à fragmentação das condições, a base teórica dos Estudos Culturais exige que a explicação do real não se defina por uma única noção da realidade. Isso implica no questionamento da visão universal de homem, mundo e sociedade propagada por determinados setores e das práticas que insistem em afirmar essa condição.

Os Estudos Culturais entendem que a história não é linear e que o progresso é uma consequência inevitável. A história é construída no jogo do poder. São as transformações históricas que constituem o sujeito. Em tempos de globalização, simultaneamente à instauração do pessimismo acerca de alguns de seus efeitos, instauram-se a contingência e a luta. São tempos de riscos. Riscos de homogeneização, nacionalismo, guetização e comunidades fechadas em si mesmas. Riscos de hibridismos e mestiçagens como possibilidades da mudança.

Considerando essas questões, Hall (1997) afirma a centralidade da cultura. Em termos conceituais, significa negar o domínio das artes prestigiadas, da literatura reconhecida ou do que se costuma chamar de produção humana refinada. O que não quer dizer recuperar a ideia de centro e margem. A centralidade da cultura opera com outro significado: uma centralidade que não recorre a binarismos do tipo centro *versus* periferia, cultura alta *versus* cultura baixa, e tantas outras oposições que caracterizam o modo de pensar moderno. Escapa à lógica de que o centro é o lugar mais importante. A noção de centralidade borra qualquer fronteira, corrói hierarquias e, quiçá, descentraliza tudo, inclusive qualquer tentativa de fixação de sentido, de atribuição de identidade às coisas do mundo. Atribuir centralidade à cultura implica em abalar as explicações acadêmicas fundamentadas na razão da ciência moderna (o antropocentrismo), afirmar a cultura como instância determinante nos processos sociais e não um fenômeno isolado e ampliar o eixo de análise das políticas de desenvolvimento baseadas tão somente na economia. A partir daí, não se pode mais negar a importância das culturas na vida das pessoas.

A centralidade da cultura tem, no entender de Hall, dois aspectos, o *substantivo* e o *epistemológico*, que regulam o social e o cultural na contemporaneidade. Por centralidade substantiva, entende-se "o lugar da cultura na estrutura empírica real e na organização das atividades, instituições, e relações culturais na sociedade, em qualquer momento histórico particular"; a centralidade epistemológica refere-se "à posição da cultura em relação às questões de conhecimento e conceptualização, em como a 'cultura' é usada para transformar nossa compreensão, explicação e modelos teóricos do mundo" (HALL, 1997, p. 16). Os aspectos *substantivos* dizem respeito ao que Hall chamou *revolução cultural*. A questão é como a expansão da indústria cultural, por intermédio das tecnologias de informação, e a revolução constante nas formas de comunicação influem no domínio social da cultura. A centralidade da cultura chama a atenção para as coisas mais simples da vida cotidiana, que antes nem sequer eram consideradas pelas pesquisas acadêmicas, como, por exemplo: como as pessoas escolhem peças decorativas para seus lares e arranjam-nas; o que os grupos culturais comem; os locais onde certos estilos musicais são partilhados; a realização das tarefas de casa; os flertes nos bailes de final de semana; as práticas corporais e seus representantes etc.

É aqui, justamente, que alguns críticos apontam para o perigo da homogeneização cultural. Em oposição aos determinismos e às simplicidades dessas causalidades, Hall (1997) defende a alternativa da transformação. É a perspectiva das trocas culturais, possíveis face à compressão espaço-tempo, das tecnologias da informação e da ampliação do mercado que torna viável a eclosão de novas formações: o híbrido entre o velho e o novo, a mestiçagem entre o local e o global. Para esse autor, da mesma forma como ocorrem transformações culturais globais, a vida das pessoas é afetada pelos meios de comunicação. A penetração de apelos e imagens nos lares, a constituição de outras maneiras de explicar o real, a picnolepsia gerada por imagens mais rápidas que a capacidade de percebê-las – a hiper-realidade – influem nos modos de pensar e de agir. Não há privacidade nem cotidiano nem singularidades que não sejam marcadas pela revolução cultural.

Ainda com relação aos aspectos substantivos, Hall (1997) argumenta sobre a aproximação entre subjetividade e objetividade. Afirma que a formação das identidades se dá culturalmente, ou seja, passa por uma escolha pessoal. Entretanto, inescapavelmente, passa também pela relação que se estabelece com os aspectos objetivos presentes em normas, instituições, atividades, ações e estruturas sociais, enfim, nos diversos sistemas de significação situados em determinado tempo e lugar. Os aspectos substantivos mencionados por Hall podem ser ilustrados pelo modo como muitos alunos e alunas rejeitam estratégias de ensino, sanções e disciplinamentos produzidos na escola. Alguns dos comportamentos demonstrados assemelham-se àqueles manifestados pelos personagens midiáticos (novelas, filmes, HQs, músicas etc.) que não se adaptam às descrições que estabelecem o estudante ideal. A constante (re)criação de personagens e estilos dificulta ainda mais a promoção de táticas de regulação.

Sobre centralidade epistemológica, Hall (1997) caracteriza o que chamou *virada cultural* e localiza a sua "origem" na mudança em relação ao papel da linguagem nas análises sobre o social. A concepção de linguagem empregada na modernidade perde seu caráter neutro e denominador das coisas do mundo e ganha uma conotação política e constituinte do que venha a ser a realidade.

Voltando às formas de resistência dos estudantes às normas escolares, é importante lembrar que, por ser depositária do pensamento moderno, a educação formal funda seus atos no discurso da racionalidade científica. A regulação que caracteriza a cultura escolar reflete certa visão de sociedade e apoia-se nas teorias que justificam a formação do sujeito desejado. Entre as normas historicamente determinadas e as práticas culturais dos estudantes, novos conhecimentos são produzidos na tentativa de explicar comportamentos e criar técnicas de ensinar e aprender, nada mais do que novas formas de regulação.

Os dispositivos de regulação também estão presentes nas análises da centralidade da cultura. Dizem respeito ao exame do modo como a esfera da cultura é governada, como se praticam as políticas culturais, seja na vida pública, seja na vida privada. Regulação e desregulação são nuances centrais das análises contemporâneas. O problema é a ideia de que o Estado se contrapõe ao mercado, com o primeiro representando a restrição e o segundo, a liberdade. Ledo engano, ambos são regulados. Para entender o que diferencia a regulação de um e de outro, bem como sua articulação, é preciso conhecer como a cultura é regulada, isto é, como ela "regula nossas condutas, ações sociais e práticas e, assim, a maneira como agimos no âmbito das instituições e na sociedade mais ampla" (HALL, 1997, p. 39).

> Políticas culturais: A expressão "vem sendo utilizada para referir-se às estratégias políticas implicadas nas relações entre o discurso e o poder. Em geral, dizem respeito a como as identidades e as subjetividades são produzidas e como elas circulam nas arenas políticas daquelas formas sociais nas quais as pessoas se movem" (COSTA, 2002, p. 139).

Hall (1985) vê no Estado uma formação contraditória e discorda das visões marxistas de totalidade e representação dominante. O Estado é pluricentrado e multidimensional. Mesmo apresentando tendências dominantes, seu caráter não é único do ponto de vista da classe. O Estado é produzido pelas práticas sociais e, por possuir diferentes modos de ação, não pode ser visto apenas como restrição. É ele quem condensa uma série de práticas distintas em uma ação sistematizada de regulação e normalização social.

O mercado, por sua vez, é regulado por técnicas e dispositivos de controle invisíveis por meio dos quais os interesses e a vontade de cada sujeito se confrontam e se harmonizam espontaneamente com a vontade e os interesses dos outros (FOUCAULT, 2008). A queda de braço que se institui gera a rearticulação entre o mercado e o Estado e influi diretamente na educação. Essa nova ordem é comumente denominada neoliberalismo.

As formas de governo do sujeito contemporâneo são esmiuçadas por Hall (1997) ao apresentar três tipos de regulação da cultura: a *normativa*, em que tudo o que é feito tem um sentido dado pelas regras e convenções culturais; os *sistemas classificatórios*, nos quais as ações são classificadas e as condutas e práticas comparadas com base em uma série de categorias que definem padrões aceitáveis ou não; e, por último, a *constituição de novas subjetividades ou novas identidades*, que são definidas por meio de alterações no sistema organizacional da sociedade. Daí pode-se depreender que qualquer proposta de educação ou de Educação

Física implica em modos de *regulação* das atividades que envolvem o ensino e, consequentemente, das identidades dos sujeitos, discentes e docentes.

Para compreender melhor a relação entre os aspectos substantivos e epistemológicos da centralidade da cultura e os modos de regulação presentes na virada cultural pode-se tomar, como exemplo, um aspecto dominante na área: a propagação dos discursos científicos da saúde. De um lado, atendendo à política do Estado neoliberal, o que se pretende é convencer a população a gerenciar a própria saúde com a consequente diminuição de encargos governamentais. De outro, os discursos da saúde incitam a produção de artefatos para consumo e práticas sociais que configuram identidades associadas às representações disseminadas. A esse processo, Hall (1997) denomina círculo da cultura. Sem que seja necessário um ponto inicial, um aspecto influencia o outro. A epistemologia da ciência produz discursos e representações sobre saúde. O Estado faz tais discursos circularem tendo em vista o governo da população e produzindo efeitos sobre os sujeitos, entendidos como identidades. Os sujeitos, na posição de identidade, passam a adotar hábitos tidos como saudáveis (atividade física regular, alimentação balanceada etc.) e, principalmente, a consumir produtos e serviços criados especialmente para esse fim (academias de ginásticas, suplementos, nutricionistas, exames laboratoriais, vestuário, mídia especializada etc.). Enfim, o Estado e a população acabam por sofrer e produzir efeitos sobre a regulação da vida social por meio do discurso da saúde.

Uma vez compreendido o conceito de centralidade, é fundamental conhecer a concepção de cultura adotada pelos Estudos Culturais. Afinal, a cultura é seu objeto de estudo e local da crítica e intervenção política que seus pesquisadores se propõem a fazer. Hall (1997) vê a cultura como um território contestado no qual se luta pelo poder de definir os significados das coisas do mundo; consequentemente, toda prática cultural é uma prática de significação. No campo dos Estudos Culturais, entende-se que não há relação direta nem correspondência entre as palavras e as coisas. O que se tem é a luta pelo controle da definição dessa relação envolvendo grupos e sujeitos em posições assimétricas de poder e recursos, tanto materiais quanto culturais (JOHNSON, 2004). Essa perspectiva dá a entender que os significados estão sempre em negociação e conectados às políticas de verdade postas em circulação entre os diversos grupos e segmentos sociais. Por conta disso, a cultura é a manifestação do poder e das relações assimétricas que ela produz.

Na argumentação desenvolvida por Hall (1997), verificam-se dois movimentos para a compreensão do termo: primeiro, uma aproximação com o conceito antropológico de cultura como toda e qualquer prática social produzida pelo homem; segundo, questionando seu aspecto universal. Para compreender a cultura, o autor propõe um olhar histórico, o diálogo com outros saberes e a incorporação de conceitos como formação social, poder, regulação, dominação, subordinação, resistência e luta. Para além de variadas formas de viver (línguas, instituições, estruturas de poder), o termo cultura compreende também as práticas sociais (textos, cânones, arquitetura, mercadorias etc.).

Essa concepção confunde-se com a própria constituição dos Estudos Culturais, pois, ao enfatizar a vida cotidiana, o campo agregou suas produções e sentidos. Com isso, rompeu com a clássica divisão entre alta cultura – aqueles que têm cultura e são considerados cultos – e baixa cultura – aqueles que não possuem cultura, os incultos que precisam ser aculturados, ou seja, educados conforme os padrões estabelecidos pelos representantes da denominada alta cultura. O ponto central é a análise de representações e textos culturais construídos para interpretar as práticas dos diversos grupos. Essa noção representa também um deslocamento na conceituação do que venha a ser uma teoria: "um conjunto de conhecimentos contestados, localizados e conjunturais" (HALL, 1992, p. 217), que funciona como campo de intervenção política, assim como a pesquisa que a produziu.

Cada prática social necessita e cria um universo próprio de sentidos que expressam ou comunicam significados, tanto para quem dela participa como para quem observa. A cultura, assim entendida, trata-se de uma relação social e configura-se como um terreno de confronto entre diversas práticas de significação para serem validadas e reconhecidas. Uma proposta de Educação Física é texto, campo cultural com significados próprios, negociados em um constante, transitório e indefinido jogo de poder e luta por poder.

O território cultural não é algo orgânico, compartimentado, dado que a cultura localiza-se sobre fronteiras onde se tocam e se entrecruzam outras significações. É justamente na fronteira que ocorre toda a ação dinâmica da cultura pela imposição de seus significados. Aceita a premissa de que a luta das culturas se dá pelo controle da informação e do conhecimento que permite ao homem interpretar e intervir na realidade; a cultura pode ser vista como um campo de disputa pelo poder de definir a realidade. A partir de suas posições pós-estruturalistas, o campo dos Estudos Culturais não concebe a realidade como algo natural. Trata-se de uma construção da ação dos humanos, fruto dos significados construídos nas relações sociais, nas relações de poder.

Vista por Hall (1997) como sistema simbólico, é na cultura que as coisas são nomeadas mediante um processo de atribuição de sentidos e busca de estabilidade. Ao elaborar sistemas classificatórios, a cultura estabiliza-se à medida que cria fronteiras simbólicas para excluir o que está fora do lugar e da ordem; assim, configura a desejada homogeneidade cultural. Isso implica no esquecimento de suas inconsistências internas, das contradições e dos conflitos que validaram determinados significados. Tem-se a impressão de que as coisas são assim mesmo e não podem ser alteradas. Por sua vez, a chamada cultura de fronteiras representa uma perturbação constante que precisa ser eliminada sob o risco de atrapalhar os padrões estabelecidos e o próprio processo de classificação e, consequentemente, de significação. É o que permite explicar por que são rejeitadas quaisquer propostas de modificação do que foi estabelecido no jogo cultural. Basta verificar o que acontece quando o professor de Educação Física organiza atividades de ensino em outros espaços além da quadra, utiliza instrumentos de avaliação pautados na escrita ou recusa-se a utilizar as aulas para ensaiar as apresentações das festividades escolares.

O jogo do poder cultural para definir significados e marcar fronteiras ganha visibilidade quando analisada a resistência dos alunos (e até de alguns setores da escola) às atividades que escapem da mera vivência corporal. São frequentes as queixas quando o professor propõe situações didáticas de análise, debate, registro ou assistência a vídeos. É comum ouvir "Isso não é aula de Educação Física" ou "Quando a aula vai começar?". Note-se que na arena de lutas pela imposição de sentidos, certos significados são mantidos à margem da sociedade enquanto outros são exaltados. Estar à margem é estar permanentemente na fronteira, logo, como reforça Hall (2000), é visto como elemento perturbador ou desestabilizador da cultura.

Embora socialmente periférica, dado o incômodo causado, a cultura da fronteira torna-se simbolicamente central e força a cultura hegemônica a modificar os sentidos que lhe atribui. Assim, diante da batalha travada pela Educação Física nos últimos anos por mudanças na forma como é representada, em muitas escolas, as resistências foram parcialmente vencidas e já são observadas

Capítulo 6 Os Estudos Culturais e o ensino da Educação Física **115**

as atividades de ensino mencionadas anteriormente sem maiores contestações. Obviamente, não se trata de uma ocorrência casual, e sim de produto de lutas por significação. Esse movimento, apesar de permanente no jogo do poder cultural, é evidenciado quando modificações são experimentadas. Para Neira e Nunes (2010), tal postura nada mais é do que uma tentativa de incorporação das práticas transgressoras e de oposição aos ditames conservadores do pensamento universal.

O jogo do poder cultural não é só inclusão. Distorção, apropriação, expropriação e contenção também fazem parte da cena. Um bom exemplo disso é o fato de a desconfiguração das práticas corporais ter se tornado corriqueira nas aulas de Educação Física. É o que acontece quando o professor alude aos benefícios para saúde e desenvolvimento motor mediante a prática da capoeira ou à comprovação dos efeitos da ioga e do *tai chi chuan* para melhorar a concentração nos estudos. Nos casos citados, o tratamento dos saberes marginais se faz acompanhar do apagamento da história de lutas e origens em troca da validação de outros significados por meio da ciência moderna.

Piorando o quadro, essas afirmações muitas vezes partem dos representantes das próprias práticas culturais que não percebem as intenções subjacentes às tentativas de agregação. Pois bem, se for analisada a história de cada uma dessas manifestações, verificar-se-á que são anteriores aos discursos científicos que pretendem delas se apropiar e que foram constituídas em ambientes socioculturais bem distintos dos espaços que hoje lhes dão guarida. Será que a ioga precisa da ciência moderna para afirmar seus fundamentos? A capoeira necessita justificar-se pelo desenvolvimentismo? E o *tai chi chuan*, deve submeter-se aos ditames utilitaristas? Sem dúvida, essas estratégias, além de mercadorizar e cientificizar as práticas corporais, contribuem para afastar ainda mais os saberes de seus representantes da escola (NEIRA; NUNES, 2009).

Mercadorizar: A respeito da mercadorização das práticas corporais, ver Nunes (2011).

É possível notar o mesmo fenômeno na tentativa atual de fazer convergir e unificar as várias propostas da Educação Física. O discurso comumente propagado defende uma apropriação do que há de melhor em cada forma de organizar o ensino do componente. Ora, seguindo o que até aqui foi discutido, quem tem o poder de selecionar e classificar tal requisito? Por trás da defesa de uma proposta que contemple objetivos, conteúdos, métodos e instrumentos de avaliação desenvolvimentistas, psicomotores, esportivistas e pautados na educação para a saúde, está a tentativa de apagar os significados anunciados pelas vertentes críticas. Ouve-se, com frequência, que todas as propostas são interessantes para a formação humana, para a formação de um humano comum que se coadune com certos interesses – os dos grupos dominantes em relação ao controle dos processos de significação social (NEIRA; NUNES, 2009).

Apesar da já mencionada instabilidade do campo cultural, Hall (1981) explica essa postura como uma tentativa de sobrepujar, regular e cercear as energias transgressoras e resistentes dos grupos subjugados de conter o hibridismo social, étnico, de gênero e religioso que ameaça a cultura dominante. Corroborando a argumentação, Neira e Nunes (2010) denunciam que as ações empreendidas pelos setores privilegiados, na verdade, almejam a construção de fronteiras em outros lugares, outras vezes e de outras maneiras.

Esse jogo tão presente no ensino da Educação Física permite entender que, na óptica dos Estudos Culturais, as sociedades capitalistas promovem a desigualdade entre grupos, sendo a cultura o campo central em que as distinções hierárquicas de poder e possibilidades são definidas (HALL, 1997). É em meio a esse campo de contestação cultural que se dá a luta pela significação, espaço no qual os setores subjugados procuram fazer frente às imposições dos significados que sustentam os interesses dos dominantes e mais poderosos. Por assim dizer, os textos culturais são o próprio local onde os significados são questionados, negociados, partilhados, divulgados e fixados. Logo, a cultura não pode ser mais compreendida apenas como acúmulo ou transmissão de saberes nem como produção estética, intelectual ou espiritual. A cultura, mediante seus aspectos substantivos e epistemológicos, precisa ser compreendida e analisada a partir de seu vasto alcance na constituição de todos os aspectos da vida humana. Nela são significados os textos, que nada mais são do que artefatos produtivos que inventam sentidos e contribuem na produção de identidades e representações. Quando veiculados, atuam nas arenas contestadas da cultura, negociando os significados que determinam as hierarquias, ou seja, quem pode e quem não pode, quem é quem e como se deve ser. Nesses termos, Hall (1997) assevera que a luta por poder deixa de ser física e passa a ser cada vez mais simbólica e discursiva. A luta por poder faz desse campo contestado uma arena de política cultural.

Se na cultura os significados são produzidos e negociados e as formas de regulação e subjetivação são forjadas, é a linguagem que permite pensar e problematizar os processos de significação. Logo, entram em cena os mecanismos que tentam fixar os sujeitos em determinados modos de ser e constituir uma identidade.

As sociedades e culturas atuais são dirigidas por poderosas ordens discursivas que regem o que deve ser dito e o que deve ser omitido, sendo que os próprios sujeitos não estão isentos desses efeitos. A linguagem, as narrativas, os textos não apenas descrevem ou falam sobre as coisas; ao fazer isso, eles instituem as coisas, inventando sua identidade. O que se tem denominado realidade é o resultado desse processo no qual a linguagem tem um papel constitutivo. Por conseguinte, pode-se dizer que os discursos estão inexoravelmente implicados naquilo que as coisas são.

6.1 IDENTIDADE E DIFERENÇA

Os Estudos Culturais contribuem decisivamente para que grupos e sujeitos que vivem situações de opressão identifiquem e resistam às relações de poder assimétricas. Para esse intuito, são fundamentais as noções de identidade e diferença. Apoiados nos referenciais pós-estruturalistas que desestabilizam as visões dominantes que concebem a linguagem como reflexo da realidade, os Estudos Culturais entendem que o significado na linguagem é apenas uma questão de diferença. As coisas não são em si mesmas, elas se definem em meio à diferenciação linguística. Uma coisa é o que é por não ser todas as outras. Uma bola é bola por não ser gato, revista, música e tudo o mais. O processo de significação é mais complexo do que se imagina.

Se o significado de algo não é inerente, em alguma medida ele está sempre ausente e não pode ser facilmente fixado, identificado. A significação, portanto, nunca é idêntica a si mesma. Como não existe relação entre o significado e aquilo que ele representa (significante), pode-se afirmar que a diferença nos Estudos Culturais é analisada nos discursos como oposição a algo que é tido como o correto, a identidade. No entanto, sendo a natureza da linguagem de caráter normativo, quando a diferença é enunciada pretende-se dizer que ela é anormal. Afirmar que a diferença é o outro é afirmar que existe uma norma a seguir, alguém a ser corrigido ou negligenciado. Ora, se não é possível definir o significado das coisas, sua identidade, a diferença passa a ser a condição de existência das coisas, logo, do próprio sujeito. Tudo é diferença!

Enquanto fruto da linguagem, a identidade está frequentemente diante de processos que tentam fixá-la, torná-la a norma.

A legitimidade da identidade perante o que é determinado pelos outros é estabelecida em um contexto elaborado por relações de poder que a inscrevem na representação. A identidade está ligada diretamente ao modo pelo qual é representada, isto é, ao modo como as práticas de significação e os sistemas simbólicos atribuem significado ao que as pessoas são, fazem, produzem etc. As representações invocam posições de sujeito em função do estabelecimento de identificações e o valor que lhes é atribuído socialmente. Sendo a cultura o *locus* de circulação dos significados, ela termina por moldar as identidades em função dos discursos produzidos nas práticas de significação.

Nas aulas de Educação Física, assim como em qualquer outro componente curricular, as ações desenvolvidas e os discursos emitidos instigam os sujeitos a assumir determinadas posições. Desse modo, afirma-se as identidades projetadas como as ideais para compor o quadro social, ao mesmo tempo que enunciam a diferença para aqueles que precisam ser corrigidos, transformados ou, caso resistam ou não consigam adaptar-se, marginalizados.

Uma representação constitui-se em meio a um sistema linguístico e cultural intimamente ligado a relações de poder. Como traço da linguagem, a representação está ligada à identidade. É por meio da representação que a identidade e a diferença conectam-se a sistemas de poder, adquirem sentido, são fixadas e perturbadas, estabilizadas e subvertidas. É por meio de suas formas de inscrição que o outro é representado como diferença. Não que isso aconteça pela diferenciação de todas as coisas, mas pela diferenciação daquilo que é considerado o padrão, a norma, a identidade.

Para os Estudos Culturais, representação e conhecimento não se separam. A representação é a face material e visível do conhecimento. A legitimação do conhecimento conecta a representação da realidade às formas de conhecer o mundo. É aqui que o poder se associa com a representação. Atualmente, o que se vê é a luta dos grupos sem poder contra as estéticas dominantes, formas canônicas de conhecimento, códigos oficiais, gestualidades corretas etc., ou seja, esses grupos lutam por representação, lutam para serem representados e para colocarem as representações que eles próprios constroem em evidência. As formas dominantes de representação têm sido contestadas por aqueles que não se veem representados culturalmente. Essa luta em torno do poder de representar caracteriza-se como *política de identidade*. Não se trata de uma luta apenas

Capítulo 6 Os Estudos Culturais e o ensino da Educação Física 119

para ser incluído na representação, como também, de uma certa revolta contra uma representação universal de cultura.

Na acepção dos Estudos Culturais, as relações sociais assimétricas de poder estabelecem o jeito certo de ser e afirmam as experiências que valem, configurando tanto a identidade como o seu inverso, a diferença. Supondo que o ensino esportivo caracterize as aulas de Educação Física de determinada escola, o contato frequente com seus discursos e práticas sociais levará os estudantes a valorizar as habilidades esportivas e a admirar aqueles que as executam de acordo com a norma. Mesmo que o patrimônio cultural corporal adquirido pelas experiências extraescolares seja amplo e variado, sua ausência nas aulas acaba levando ao entendimento de que se trata de um saber pouco relevante. É nesse jogo que os grupos que detêm o poder simbólico de definir o que é válido afirmam para si a condição de identidade e padrão a ser seguido e representam o outro como o diferente, alguém a ser corrigido ou deixado à margem das decisões sociais.

Os Estudos Culturais evidenciam que a possibilidade da transformação social passa necessariamente pelas políticas de identidade, ou seja, pela prática de possibilitar ao outro, ao diferente, oportunidade para construir sua própria representação na cultura e divulgá-la. No entanto, também alertam para os perigos de as aulas permanecerem apenas no aspecto afirmativo. Se é necessária a valorização do outro, também é necessária a afirmação da diferença enquanto possibilidade. Caso contrário, corre-se o risco de inverter as assimetrias sociais, transformando a identidade dominante em dominada e vice-versa. O viés pós-estruturalista dos Estudos Culturais ensina que as identidades são fragmentadas. Dito de outro modo, não existe a identidade mulher, mas mulheres; não há a identidade negro, mas negros; não existe criança, mas crianças etc. Muitas vezes, todas convivem de forma antagônica no mesmo sujeito. Um negro pode viver a condição da diferença em relação ao branco (dominante) e a condição da identidade de adulto em relação à criança (diferença).

Toda identidade só pode existir na sua condição de diferença. É esse aspecto que distingue uma proposta de ensino pautada nos Estudos Culturais. A pedagogia cultural descontrói as formas de dominação da identidade. Ao lado de outras experiências, mesmo as antagônicas, as aulas de Educação Física ancoradas nos Estudos Culturais podem ser arena política para semear a transformação. Inspirada nos Estudos Culturais, uma proposta para o componente equipara, de certa forma, o conhecimento propriamente escolar com o conhecimento cotidiano da comunidade. Desse ponto de vista, ambos expressam significados social e culturalmente construídos, buscam influenciar e modificar as pessoas e estão envolvidos por complexas relações de poder. Em outras palavras, a cultura escolar e a cultura paralela à escola estão permeadas por uma economia de afeto que busca produzir certo tipo de subjetividade e identidade (SILVA, 2011).

Uma das consequências do enfoque cultural consiste na diminuição das fronteiras entre o conhecimento acadêmico e escolar, de um lado, e o conhecimento cotidiano e da cultura de massa, de outro. Conforme visto, todo conhecimento, na medida em que se constitui um sistema de significação, é cultural. Além disso, como sistema de significação, está estreitamente vinculado com relações de poder. Ao abordar todo e qualquer conhecimento como produto do processo cultural orientado por relações sociais assimétricas, a perspectiva dos Estudos Culturais efetua uma espécie de equivalência entre as diferentes formas culturais. De certo modo, pode-se dizer que o fazer pedagógico é ressignificado, tornando centrais na cena educativa questões como culturas, identidade, discurso, representação e poder.

O estudo de Neira (2007), por exemplo, mostrou como o processo de identificação influencia o fazer escolar. Experimentando uma prática pedagógica orientada a partir da cultura corporal dos alunos, o autor percebeu o reconhecimento dos envolvidos no processo, tanto com relação à escola, enquanto espaço de convivência, ensino e aprendizagem, como com relação às identidades culturais dos grupos cujas práticas corporais foram tematizadas.

Ao equiparar as noções de cultura popular e cultura acadêmica, as contribuições dos Estudos Culturais sugerem que as temáticas advindas da comunidade são tão dignas de figurar no currículo escolar quanto aquelas originadas nos setores privilegiados. O que subverte a exclusividade de práticas corporais completamente afastadas do universo cultural dos alunos. Afinal, ao longo da história, quando o componente não conferiu exclusividade aos temas oriundos da cultura dominante, tratou de prestigiar as práticas corporais próprias da cultura escolar, inventadas com o objetivo primordial de fixar comportamentos desejáveis (NEIRA; NUNES, 2009).

O caráter pós-disciplinar dos Estudos Culturais permite afirmar que o fazer pedagógico da Educação Física não pode seguir influenciado pelas teorias desenvolvimentistas. Ao planejar ações

Capítulo 6 Os Estudos Culturais e o ensino da Educação Física 121

didáticas visando garantir a aprendizagem de todos, classificando-os segundo estágios universais de maturação biológica, corre-se o risco de reforçar as diferenças como marcadoras de inferioridade. Como se sabe, os alunos vivem em um mundo que forma e informa. O professor pode discursar sobre a importância da participação coletiva, do respeito aos tempos de aprendizagem de cada um e garantir que todos peguem na bola, dancem ou brinquem. Porém, se não for analisado e discutido o *design* competitivo, materialista e imagético da sociedade pós-moderna promotora de uma cultura que afirma os melhores como eficientes, sem dúvida, o significado pedagógico das atividades propostas estará comprometido. Utilizar o jogo dos dez passes como preparativo para uma atividade de handebol implica em uma experiência formativa que concretiza, com certa excelência, as relações de saber-poder e as identidades projetadas pelas pedagogias tecnicistas.

Essas atividades carecem de sentido em uma escola comprometida com a democratização do patrimônio cultural. Tal pedagogia insípida serve como meio para o desenvolvimento de comportamentos e identidades que a cultura acadêmica julga necessários a um bom desempenho social e, simultaneamente, desconsidera a história e as vozes de quem (também) constitui a sociedade. Algo bem diferente ocorre se os alunos, além de jogar handebol, são estimulados a interpretar a gestualidade que lhe é específica, analisar sua história, forma e intenção política, descobrir quem são e como pensam os jogadores e técnicos e tantas outras marcas presentes na ocorrência social desse esporte.

As atividades pedagógicas baseadas nos Estudos Culturais não podem ser esvaziadas nem fragmentadas a ponto de deslocar o significado social da brincadeira, dança, esporte, luta ou ginástica transformados em objeto de estudo. As ações didáticas pautadas na perspectiva cultural partem, prioritariamente, da ocorrência social da prática corporal, porque é essa dimensão que precisa ser compreendida e, se o grupo assim desejar, ressignificada. A proposta cultural abre espaço para que isso aconteça e outros modos de handebol sejam construídos e experimentados pelos alunos. Não cabe ao professor fazê-lo. Na condição de sujeitos da cultura, os estudantes devem debruçar-se sobre o formato conhecido e analisá-lo. Caso seja inadequado ou insuficiente a suas experiências, poderão reelaborá-lo indefinidamente.

A proposição de qualquer prática cultural de forma descontextualizada incorre na distorção do sentido, sem que sejam desencadeadas significações relevantes. Logo, os conhecimentos dos estudantes precisam ser valorizados. Para tanto, o educador deve realizar uma pesquisa no entorno da escola, observar os momentos de entrada, saída e os intervalos, trocar impressões com os colegas de trabalho e, principalmente, conversar com o grupo. O que fazem quando não estão na escola, como ocupam o tempo de lazer, a quais filmes e programas de TV assistem, que *sites* conhecem, quais práticas corporais acessam por meio dos meios de comunicação etc. Convém registrar as informações coletadas acerca da cultura corporal, como e onde são realizadas as manifestações conhecidas, quem são seus representantes, como se organizam e com qual objetivo promovem a prática.

Esses procedimentos permitirão garimpar os saberes sobre as práticas corporais disponíveis na comunidade. Em outras palavras, identificar o modo como os estudantes atribuem sentido às coisas do mundo e representam a realidade. Com os dados coletados, a elaboração de um projeto didático pode articular esse mapeamento geral com a tematização de uma brincadeira, dança, esporte, ginástica ou luta em específico, visando a estruturação das atividades de ensino. Para atender aos objetivos de ampliação das representações, é necessário analisar determinados traços da prática corporal a serem problematizados, tais como: o que é necessário para usufruir dela? É possível extrair "elementos educativos" e articulá-los aos objetivos da escola? Quais modificações devem ser implementadas a fim de ressignificá-la? De que forma e onde é vivenciada? Quem participa, como e com quais sentidos?

A partir daí são propostas vivências corporais, sempre permeadas por diálogo, interação coletiva, reorganização, discussão de outras possibilidades, análise e produção. É primordial que o repertório disponível na comunidade seja reconhecido e valorizado. O elo pode ser uma história narrada por um familiar, uma informação captada na mídia ou a experiência pessoal de um estudante. Sempre há alguém que conhece a prática corporal e pode explicá-la e demonstrá-la aos colegas. Em função das suas características e das condições disponíveis, o professor pode indagar o grupo, estimulando-o a sugerir modificações para facilitar a vivência. Qualquer alteração deve ser experimentada para que possa ser conhecida e reelaborada, se necessário, possibilitando o concurso de todos (NEIRA, 2014).

Durante todo o processo, é fundamental atentar à articulação da proposta com as intenções explícitas no projeto pedagógico da escola. Isso se dá por meio da adoção dos mesmos objetivos de ensino presentes no documento oficial, desde que debatidos e acordados com os demais professores. Na continuidade, a organização de conversas e análises sobre as vivências focalizam, alternadamente, diferentes conhecimentos e modos de representar as práticas corporais, os saberes dos alunos e as reflexões sobre sua participação e envolvimento. Tudo isso sem deixar de considerar as múltiplas formas de interação no grupo e a relação dessas questões com esferas sociais mais amplas.

Organizar atividades de ensino a partir do modo como uma prática corporal acontece implica em reconhecer as marcas que carrega e discutir os significados culturais que lhe são associados. Professor e estudantes devem lidar com questões referentes aos papéis de gênero, classe, religião e etnia etc., podendo, mediante reflexão, estudo e diálogo, desconstruí-las. Os incômodos percebidos não podem ser menosprezados. É importante discutir com a turma as origens e motivações que levam as pessoas a pensar de uma forma ou de outra, visando, com isso, a submeter as representações em circulação a uma análise crítica.

Existem práticas corporais exaltadas ou mesmo rejeitadas por alguns grupos religiosos ou classes sociais. Caso sejam selecionadas como objetos de estudo, é preciso dialogar com a comunidade, de forma aberta e franca, sobre os objetivos e as razões da temática, sem se esquecer de mencionar a função da escola enquanto espaço público e a relevância de todos participarem das atividades de ensino. Da mesma maneira, temas polêmicos trazidos pelos jovens, como o uso de substâncias ilícitas na prática esportiva ou danças que recebem dupla conotação, não podem passar desapercebidos.

Para ampliar e aprofundar conhecimentos e acessar outras representações sobre a prática corporal tematizada, podem ser programadas a assistência a documentários e filmes, pesquisas na internet, em livros ou revistas, entrevistas com participantes, visitas a locais de prática, entre outras. É recomendável que as atividades de ampliação e aprofundamento sejam precedidas de uma busca pessoal do professor por mais informações sobre materiais, locais, pessoas envolvidas etc. Somente assim é possível elaborar atividades de ensino problematizadoras. As situações didáticas organizadas pelo educador têm de incitar questionamentos e dúvidas nos estudantes que, por sua vez, devem discutir o assunto e intercambiar posicionamentos. A história da prática corporal, suas regras, procedimentos, formas de organização, falas que a acompanham, grupos que dela participam e como é vista por outras pessoas são apenas alguns dos possíveis eixos de debate.

Apesar da valorização dos saberes dos alunos, a pedagogia cultural da Educação Física não se encerra na permanência no que já sabem nem em sua ênfase. Um dos encaminhamentos a serem adotados é a problematização dos discursos postos em circulação, principalmente pelas mídias, que fixam aspectos negativos ou positivos para as representações expressas nas práticas corporais. Quem disse que o futebol é uma prática masculina, que seus jogadores são milionários ou que é o esporte mais praticado no mundo? A quem interessa atribuir sentido pejorativo e moralista ao funk, dizendo que seus enredos fazem apologia ao crime? Apesar de adultos e jovens participarem de brincadeiras, porque são vistas como artefatos infantis? Por que a prática das lutas é evitada ou proibida em muitas escolas? Como se nota, os estudantes podem ser estimulados a obter novos dados e a tomar contato com outros pontos de vista. Sempre há algo a descobrir e a compartilhar; qualquer conhecimento pode ser dividido com os colegas e experimentado. Eventuais obstáculos que impeçam o grupo de vivenciar a manifestação tematizada obrigam os jovens a criar alternativas.

Finalizando o processo, recomenda-se, com base nos registros feitos ao longo do trabalho (anotações, gravações, filmagens etc.), a elaboração de um produto final, que pode ser um portfólio, livro, mural, síntese, *blog*, comunicação oral, mangá etc., desde que construído pelos alunos e com seu envolvimento em todas as decisões. É importante frisar que as preferências no tocante ao conteúdo e ao formato da apresentação também podem transformar-se em objeto de discussão. Isso não significa censura nem proibição. Caso a decisão envolva situações não recomendadas pela escola ou apresente caráter enviesado de outras realidades, um debate pode ser promovido, chegando até ao exame dos valores da cultura escolar ou da própria comunidade. A análise dos documentos elaborados no decorrer e ao fim do processo fornece informações preciosas sobre o percurso traçado e permite identificar mudanças nas representações e posturas juvenis. A depender do resultado, o professor sente ou não a necessidade de retomar determinada atividade ou reorganizar as próximas.

Enfim, uma prática pedagógica de Educação Física ancorada nos Estudos Culturais potencializa todos os participantes a vivenciar uma pedagogia da diferença. Ao apresentar aos demais as formas como concebem o mundo (representações), todos os envolvidos podem perceber que existem múltiplas formas de dizer e afirmar a vida. Caso o modo como as representações são construídas seja exposto a um processo constante de problematização, os alunos talvez se deem conta de que suas verdades são produzidas e afirmadas culturalmente, sucedendo o mesmo com o modo como cada qual aprendeu a falar de si e do outro. Nesse conflito de proposições, podem construir coletivamente em meio ao dissenso de opiniões e sugestões novas formas de dançar, brincar, lutar etc., atribuindo outras significações ao já vivido. Ao ampliar seus saberes, podem compreender que existem, no tempo e no espaço, outras formas de fazer e pensar o mesmo tema. Nas diversas investigações realizadas no transcorrer das atividades de ensino, podem ter a oportunidade de aprofundar o que já sabem e perceber que as múltiplas possibilidades de fazer valer decorrem de condições conjunturais de emergência dos discursos que versam sobre o tratado. É provável que aprendam que existam condições de possibilidade para que as diversas formas de ser circulem, se afirmem, sejam divulgadas e se tornem hegemônicas ou, em oposição, consigam identificar as estratégias empregadas para negá-las, silenciá-las, esquecê-las. Quem sabe podem perceber-se em meio ao jogo do poder cultural.

Para entender a cultura como o campo em que diferentes grupos e sujeitos lutam pela validação de suas crenças e modos de ser, a fim de solidarizarem-se com a luta dos subjugados; para compreender os diversos aspectos e mecanismos que regulam o comportamento dos sujeitos e produzem identidades para libertarem-se delas, torna-se necessária a vivência de uma prática pedagógica que possibilite pensar e viver a diferença.

REFERÊNCIAS BIBLIOGRÁFICAS

CEVASCO, M. E. **As dez lições sobre os Estudos Culturais**. São Paulo: Boitempo Editorial, 2003.

COSTA, M. V. Poder, discurso e política cultural: contribuições dos Estudos Culturais ao campo do currículo. In: LOPES, A. C.; MACEDO, E. (Org.) **Currículo:** debates contemporâneos. São Paulo: Cortez, 2002.

FOUCAULT, M. **O nascimento da biopolítica**. São Paulo: Martins Fontes, 2008.

FROW, J.; MORRIS, M. Estudos Culturais. In: DENZIN, N. K.; LINCOLN, Y. S. et al. **O planejamento da pesquisa qualitativa:** teorias e abordagens. Porto Alegre: Artmed, 2006.

HALL, S. A centralidade da cultura: notas sobre as revoluções de nosso tempo. **Educação e Realidade**, Porto Alegre, v. 22, n. 2, p. 15-46, 1997.

_____. Conclusion: the multi-cultural question. In: HESSE, B. (Org.). **Un/settled multiculturalism**. London: Zed Books, 2000.

_____. Cultural Studies and its theoretical legacies. In: GROSSBERG, L. (Org.). **Cultural Studies**. New York: Routledge, 1992.

_____. Notes on deconstructing the popular. In: SAMUEL, R. (Ed.). **People's history and socialist theory**. London: Routledge and Kegan Paul, 1981.

_____. Signification, representation, ideology: Althusser and the post-structuralist debates. In: _____. **Critical studies in mass communication**, v. 2, n. 2, p. 91-114, jun. 1985.

JOHNSON, R. O que é, afinal, Estudos Culturais? In: SILVA, T. T. (Org.). **O que é, afinal, Estudos Culturais?** Belo Horizonte: Autêntica, 2004.

MCROBBIE, A. Pós-marxismo e Estudos Culturais. In: SILVA, T. T. (Org.). **Alienígenas na sala de aula:** introdução aos Estudos Culturais em educação. Petrópolis: Vozes, 1995.

NEIRA, M. G. **Práticas corporais:** brincadeiras, danças, lutas, esportes e ginásticas. São Paulo: Melhoramentos, 2014.

_____. Valorização das identidades: a cultura corporal popular como conteúdo do currículo da Educação Física. **Revista Motriz**, Rio Claro, v. 13, n. 3, p. 174-180, jul./set. 2007.

NEIRA, M. G.; NUNES, M. L. F. **Educação Física, currículo e cultura**. São Paulo: Phorte, 2009.

_____. Pedagogia da cultura corporal: motricidade, cultura e linguagem. In: NEIRA, M. G. **Ensino de Educação Física**. São Paulo: Cengage Learning, 2010.

NELSON, C.; TREICHLER, P. A.; GROSSBERG, L. Estudos Culturais: uma introdução. In: SILVA, T. T. (Org.). **Alienígenas na sala de aula:** introdução aos Estudos Culturais em educação. Petrópolis: Vozes, 2008.

NUNES, M. L. F. Práticas corporais ou mercadorias corporais. In: SANCHES, T. A. (Org.). **Estudos Culturais:** uma abordagem prática. São Paulo: SENAC, 2011.

SILVA, T. T. **Documentos de identidade:** uma introdução às teorias do currículo. Belo Horizonte: Autêntica, 2011.

WILLIAMS, R. **Cultura e sociedade**. São Paulo: Nacional, 1969.

7

O multiculturalismo e o ensino da Educação Física

Marília Menezes Nascimento Souza Carvalho

Marcos Garcia Neira

Diante da atual configuração política, social e econômica, o discurso da necessidade de reinventar o fazer pedagógico se mostra consensual nas teorizações educacionais. É notável o anacronismo presente no universo simbólico que perpassa as práticas escolares quando se miram as novas demandas apresentadas pelas condições societárias contemporâneas. Na visão de Candau (2010), isso não significa um desejo de adaptação pura e simples aos tempos atuais, mas sim a exposição da necessidade de se construir e/ou fortalecer um instrumental teórico e prático que subsidie a oferta de atividades de ensino coerentes com os contextos sociais, políticos e culturais e as inquietudes dos sujeitos da educação.

A nova paisagem social leva a refletir sobre os pressupostos teóricos que fundamentam as práticas educativas. O multiculturalismo, perspectiva política e pedagógica alinhada às teorias pós-críticas da educação, é uma tentativa de responder à complexidade e aos conflitos expostos pela globalização e pelas políticas neoliberais.

Sem desconsiderar as contribuições das teorias críticas ao proporem a emancipação do proletariado em relação à ideologia dominante, como estratégia para modificar as relações de produção pela supressão das diferenças de classe social, as teorias pós-críticas observam outras formas de discriminação e exploração que ficaram à margem desse debate, tais como étnicas, de gênero, geração, religião etc. Para esse campo teórico, além do problema da relação classe social *versus* produção, ganham relevo questões intrínsecas às classes e que não podem ser resolvidas simplesmente com a redistribuição de renda (NEIRA, 2011). Neste caso, o prefixo *pós* não tem o sentido de "o que vem depois" das teorias críticas, mas sim de perspectiva que apreende o pensamento crítico e, identificando seus limites, trava diálogos com outras explicações, arriscando-se a ultrapassar as fronteiras anteriores.

As teorias pós-críticas evidenciam que a problemática desencadeada pelas transformações sociais que caracterizam a sociedade globalizada requer uma política voltada para a "reivindicação de reconhecimento da identidade de grupos considerados subordinados relativamente às identidades hegemônicas" (SILVA, 2000, p. 92). Para tanto, propõem um agenciamento político que reconheça não só a necessidade de redistribuição econômica como também o reconhecimento das diferenças culturais e o fomento ao diálogo entre seus representantes. Desse modo, as "lutas travadas na seara das 'políticas' devem partir do princípio de que todas as culturas se diferenciam internamente e, portanto, tão importante quanto reconhecer a diversidade entre elas é reconhecer a diversidade de cada uma" (NEIRA; NUNES, 2009, p. 209). Dito de outro modo, além de identificar o gradiente de culturas, é importante considerar a resistência e as diferenças que povoam um mesmo grupo cultural.

> **Reconhecimento:** Na óptica de Duschatzky e Skliar (2001, p. 131), "reconhecimento é um conceito que permite pensar o sujeito sempre em relação".

No campo educacional, as teorias pós-críticas denunciam as práticas educativas que constroem, produzem ou tentam fixar um modo de ser tido como identidade cultural por meio da veiculação de representações dos grupos sociais e seus saberes. Nessa perspectiva, o sujeito não é visto como uma essência, alguém descrito por um conjunto de teorias que tentam explicá-lo e determiná-lo. Muito pelo contrário, as teorias pós-críticas debruçam-se justamente sobre os regimes de verdade impostos pelo discurso escolar e que posicionam sujeitos de uma forma ou outra.

Uma pedagogia influenciada pelas teorias pós-críticas aborda temas e desenvolve identidade entre escola e sociedade pós-moderna. Essas questões foram incorporadas por várias correntes teóricas, entre elas, pós-modernismo, pós-estruturalismo, pós-colonialismo, multiculturalismo e Estudos Culturais. Como ponto em comum, fundamentam a visão de pedagogia como cultura e da cultura como pedagogia.

Uma proposta de Educação Física comprometida com essa visão prestigia, desde seu planejamento, comportamentos democráticos para a decisão de temas e atividades de ensino. Também valoriza experiências de reflexão crítica das práticas corporais pertencentes ao universo vivencial dos alunos para aprofundá-las e ampliá-las mediante o diálogo com outras representações e vozes. Em uma perspectiva pós-crítica do componente, sintetizada na expressão *pedagogia cultural*, a experiência escolar é um terreno aberto ao debate, ao encontro de culturas e à confluência da diversidade de manifestações corporais dos variados grupos sociais.

A pedagogia cultural é um campo de disseminação de sentidos, de polissemia, de produção de identidades voltadas para análise, significação, questionamento e diálogo entre e a partir das culturas. Nesse tipo de pedagogia, as indagações dirigem-se a classe, gênero, etnia, níveis de habilidade, tempo de escolarização, local de moradia, religião, características da comunidade onde a escola está inserida, entre tantos outros marcadores impressos nas práticas corporais. Canen e Oliveira esclarecem os atributos da pedagogia cultural, apontando que ela "valoriza a diversidade e questiona a própria construção das diferenças e, por conseguinte, dos estereótipos e preconceitos contra aqueles percebidos como 'diferentes' no seio de sociedades desiguais e excludentes" (2002, p. 61).

Com as contribuições das teorias pós-críticas, a pedagogia cultural sinaliza diferença, abertura, transgressão, subversão e multiplicação de sentidos. Opta voluntariamente por explicações e narrativas parciais, pelo local e pelo particular; ela prefere a invenção, a criação, o artefato e a produção. Não acredita nas "supostas" autonomia e emancipação do sujeito ou da subjetividade e, em vez disso, considera o sujeito um efeito da linguagem, dos textos, dos discursos, das relações de poder, da história, dos processos de subjetivação.

Em uma pedagogia influenciada pelas teorias pós-críticas, os objetivos formativos surgem como possibilidades, jamais como certezas. Não se interessa por modos "certos" de ensinar, formas "adequadas" de avaliar, técnicas preestabelecidas de planejar nem por conhecimentos legítimos, a não ser para problematizar esses modos, formas, técnicas e saberes. Como consequência de seus interesses, a pedagogia cultural questiona o conhecimento e seus efeitos de verdade e poder, o sujeito e as diferentes formas e processos de subjetivação, os textos educacionais e as variadas práticas que produzem e instituem. Tem ainda como característica a problematização das promessas modernas de liberdade, conscientização, justiça, cidadania e democracia. Duvida dos discursos salvacionistas da psicologia do desenvolvimento e da aprendizagem, bem como dos efeitos das atividades integradoras ou cooperativas.

A pedagogia cultural discute questões sobre os tempos e os espaços educacionais, mostrando processos de feitura da escola moderna, e pensa de muitas maneiras a diferença, a identidade e a luta por representação. Abre mão da função de prescrever, de dizer a outros como devem ser, fazer e agir. Busca, acima de tudo, implodir e radicalizar a crítica àquilo que já foi estabelecido na educação e criar coletivamente alternativas de significação nas fronteiras do conhecimento. Assume o risco de educar na diferença, na divergência, no dissenso, para que o consenso nunca mais feche os horizontes sociais, levando os sujeitos ao conservadorismo sem fronteiras ou à tentativa de conter a heterogeneidade cultural.

Ainda sobre as características da pedagogia cultural, pode-se destacar que ela contesta e questiona as relações de poder, a própria arquitetura curricular e seu envolvimento no estabelecimento de hierarquias, posições e privilégios. Compreende que não é a epistemologia que define as ações políticas e sociais. Ao contrário, para o pensamento pós-crítico, a epistemologia é definida politicamente por meio de práticas discursivas entremeadas por relações de poder (NEIRA; NUNES, 2009).

O multiculturalismo é especialmente relevante na indagação das forças que posicionam alguns em vantagem com relação a outros. Essa corrente teórica surge em tempos pós-modernos, de globalização e tentativas de homogeneização cultural, nos quais se evidenciam embates em todos os ambientes como decorrência das diferenças que ocupam espaços, marcam territórios e distinguem os grupos sociais e os sujeitos. Os confrontos são travados entre os que reivindicam reconhecimento e direito e os que não querem perder privilégios adquiridos, que lhes garantem a posição de superioridade e domínio nas relações sociais e nas determinações das coisas do mundo.

Os movimentos reivindicatórios eclodiram simultaneamente em diversos lugares. Após a Segunda Guerra Mundial, os países ricos do hemisfério norte presenciaram um intenso fluxo migratório proveniente das ex-colônias em virtude de problemas sociais e econômicos gerados pela exploração das metrópoles. No Brasil, os fluxos migratórios coincidiram com o período em que algumas regiões alavancaram desenvolvimento, o que gerou a atração das populações que residiam nas localidades mais desfavorecidas. A nova configuração social forçou a convivência com os diferentes, ampliando o contato entre culturas distintas. Quando um grupo oprimido é tensionado pela tentativa de homogeneização do opressor, ou ele sucumbe ou reivindica por voz e representatividade o rompimento da assimetria. É esse fenômeno que tem catapultado mudanças sociais voltadas para inclusão e reconhecimento das diferenças.

Sendo a escola um espaço constituinte da teia social e um dos primeiros ambientes em que o contato (e o conflito) entre os diferentes se manifesta, o resultado só pode ser o despontar de lutas e movimentos de resistência cada vez mais explícitos. O esforço desprendido pelas pedagogias tecnicistas para dissimular sua existência, tomando-os por irrelevantes, fez apenas recrudescer o problema. Como reagem as culturas juvenis quando suas danças, gírias e vestimentas não são aceitas pela escola? O que faz o professor de Educação Física quando alguns alunos alegam motivos religiosos para não participar das atividades propostas? Como tem lidado a instituição escolar frente à diversidade de orientações sexuais nas salas de aula? Esses e tantos outros casos enunciam a problemática dos confrontos identitários em uma sociedade democrática.

Ciente da incompatibilidade das propostas convencionais, a pedagogia cultural incorpora o multiculturalismo pela abrangência da natureza das respostas provenientes do choque entre a cultura escolar e as culturas que acessam a escola, bem como do conflito entre as teorias que fundamentam as práticas escolares e as políticas públicas que sustentam o funcionamento do ensino.

> *Na escola democrática destes tempos, uma educação multiculturalmente orientada implica a assunção de uma postura clara em favor da luta contra a opressão, o preconceito e a discriminação aos quais foram submetidos alguns grupos historicamente desprovidos de poder, sem que se perca de vista a perene composição de novos grupos culturais (NEIRA; NUNES, 2009, p. 210).*

Nos Estados Unidos, o multiculturalismo ganhou visibilidade como movimento de reivindicação dos grupos sociais subordinados (negros, hispânicos, mulheres e homossexuais) contra o currículo oficial e a política de segregação nas escolas, uma vez que os filhos dos imigrantes não tinham acesso às mesmas instituições dos chamados estadunidenses legítimos (brancos descendentes de europeus). Naquele contexto os conhecimentos transmitidos eram compreendidos como a cultura comum, o que na verdade consistia em uma expressão do predomínio da cultura branca, europeia, heterossexual, masculina e patriarcal, ou seja, uma cultura bem particular (NEIRA, 2011).

Embora a origem educacional seja bastante conhecida, Hall (2009), Kincheloe e Steinberg (2012) e Silva (2001) destacam que o termo multiculturalismo presente em inúmeros documentos e discursos tem sido submetido a ressignificações. O risco de sua utilização universal não pode ser desprezado, uma vez que a expansão tornou o termo *multiculturalismo* um significante que oscila de modo que pode significar tudo e, ao mesmo tempo, nada. Pode abranger desde a luta dos diversos grupos culturais por reconhecimento no âmbito social até dar a sensação de apagamento da diferença em função do prefixo "mult(i)-".

Seja como for, o multiculturalismo não se abstém do compromisso de denunciar as relações de poder. Nutre politicamente o atual momento histórico caracterizado por intensas mudanças e conflitos quando ressalta a complexa diversidade que decorre dos matizes culturais que coabitam o cenário contemporâneo. Assim, o "multiculturalismo, em suma, pode ser visto como uma política inescapável à sociedade multicultural de hoje" (NEIRA; NUNES, 2009, p. 212).

A variedade de sentidos atribuídos ao multiculturalismo traduz modos distintos de compreender e lidar com a diversidade e os conflitos daí decorrentes. Candau (2010) cita dois aspectos centrais nas questões suscitadas pelo multiculturalismo: a concepção descritiva e a concepção propositiva. Por meio da primeira, compreende-se que a configuração de cada sociedade depende de seu contexto histórico, político e sociocultural. A concepção descritiva tem por objetivo reconhecer diferentes regiões, comunidades, grupos, instituições, escolas etc., gerando elementos para análise e compreensão de cada contexto específico. Na concepção propositiva, o multiculturalismo deixa de ser apenas uma análise da realidade construída para tornar-se um modo de atuação na dinâmica social. Trata-se de um projeto político-cultural que se reflete na maneira de trabalhar as relações culturais em determinada sociedade, de conceber políticas públicas na perspectiva da radicalização da democracia e de construir estratégias pedagógicas para sua efetivação.

Há várias classificações de multiculturalismo. Entretanto, independentemente dos adjetivos que o acompanhem, ficam evidentes três projetos políticos de atuação: conservador, assimilacionista e intercultural ou crítico.

Capítulo 7 O multiculturalismo e o ensino da Educação Física **133**

A perspectiva conservadora guarda forte conotação segregacionista, reforça as diferenças e afirma a necessidade de uma identidade pura. Nessa visão, os grupos devem manter sua matriz cultural e possuir espaços próprios para garantir a liberdade de expressão e a continuidade de suas tradições (CANDAU, 2010). Essa política pode tornar-se um problema, porque, "na prática, consolida-se uma segregação social, pois alguns grupos dispõem de poder para alocar os outros em espaços desfavoráveis, reiterando posturas de preconceito e superioridade" (NEIRA; NUNES, 2009, p. 213). No campo didático da Educação Física, o multiculturalismo conservador manifesta-se na organização de turmas de treinamento, nas aulas em que são propostas atividades para diferentes grupos organizados conforme habilidades ou preferências dos estudantes e na separação de gêneros a fim de evitar conflitos.

A perspectiva assimilacionista pressupõe que os grupos desprivilegiados nas relações sociais não possuam as mesmas oportunidades de acesso a determinados bens e serviços e ainda sofram discriminações. A fim de escapar das consequências e promover uma convivência amistosa entre os diferentes, a política assimilacionista pretende a incorporação de todos à cultura hegemônica. Os elementos causadores da desigualdade e da diferença permanecem intocáveis, uma vez que se consideram adequados os modos de ser e viver dos grupos dominantes. Sem atentar às causas, essa concepção olha apenas para os sintomas na tentativa de combater o desequilíbrio social com ações homogeneizantes.

Em termos educacionais, a postura assimilacionista é reforçada quando os discursos de inclusão, universalização dos conteúdos de ensino e unificação das avaliações convocam todos a ingressar na escola sob a ideologia da igualdade de oportunidades. Na Educação Física, esse aspecto é evidenciando em aulas pautadas pelas perspectivas psicomotora, desenvolvimentista, esportivista e da educação para a saúde, pois objetivam um nível tal de conhecimentos, habilidades motoras e estilo de vida sem levar em conta a diversidade cultural corporal dos estudantes ou seus desejos e conflitos mais subjetivos, que ressoam e/ou emergem quando interagem com a diferença.

Na perspectiva assimilacionista, os currículos buscam a integração ao que "há de melhor na sociedade", às vezes com a justificativa de garantir a normalidade – ritmo, desenvolvimento e saúde normais, aqui entendidos como os valorizados e desejados por determinados setores. As atividades propostas buscam esconder a fisionomia das diferenças, exaltam o daltonismo cultural e favorecem uma educação monocultural. Na visão de McLaren (2000, p. 18), "o discurso da diversidade e da inclusão é, muitas vezes, predicado em afirmações dissimuladas de assimilação e consenso, que servem como apoio aos modelos democráticos neoliberais de identidade", também atua na cristalização de sociedades orientadas pelos interesses de grupos hegemônicos e subordinação dos minoritários.

Remando na direção contrária, o multiculturalismo influenciado pelo projeto político intercultural ou crítico concebe a cultura como campo de conflito em permanente construção e negociação de sentidos. Consequentemente, a diferença não fica isolada na sua raiz nem se pretende afirmar uma identidade homogênea baseada no princípio da universalidade. Para o multiculturalismo crítico, a sociedade é permeada por intensos processos de hibridização cultural. Não existe cultura pura nem uma que seja melhor que a outra e, por isso, mereça assumir para si um caráter totalizante. O multiculturalismo crítico entende que "as relações culturais são construídas nas e pelas relações de poder, marcadas por hierarquias e fronteiras em contextos históricos e sociais específicos, gerando a diferença, a desigualdade e o preconceito" (NEIRA; NUNES, 2010, p. 215).

O multiculturalismo crítico interessa-se essencialmente pelas relações entre a pedagogia, a justiça e a transformação social (NEIRA, 2010). Sendo a pedagogia uma prática social que tenciona a construção da identidade – isto é, o modo com que os sujeitos aprendem a se enxergar em relação ao mundo (GIROUX; SIMON, 2008) –, sob influência do multiculturalismo crítico, ela se torna uma empreitada política voltada para a luta por justiça social. Isso requer dos professores ações inclinadas à diminuição do poder daqueles grupos educativos, políticos e econômicos que historicamente colocaram em prática pedagogias prejudiciais aos setores desfavorecidos da sociedade. Com tal propósito, educadores e educandos devem examinar, em qualquer atividade humana transformada em objeto de estudo, a natureza da discriminação e da opressão. O multiculturalismo crítico propõe-se a atuar justamente no processo de dominação e regulação, isto é, na formação de identidades e subjetividades que envolvem os grupos minoritários.

Trata-se, então, da gestão da diversidade, como sugerem Cortesão e Stoer (2008). O professor deixa de ser mero executor e assume-se como sujeito e agente do processo educativo.

Isso torna-o mais responsável pelos efeitos, por vezes não desejados, decorrentes de iniciativas didáticas cujo significado não tenha sido suficientemente analisado. O exercício da gestão do ensino tem de ser acompanhado de uma ampla compreensão dos fatores socioculturais que afetam a vida dos alunos, do contexto em que vivem, dos constrangimentos que têm de enfrentar ou das potencialidades e recursos existentes, que nem sempre são visíveis.

Em termos políticos, eleger a identidade como foco das ações educativas implica no reconhecimento da assimetria de poder que marca a relação entre os diferentes grupos sociais e a preocupação com as identidades nacionais, locais e minoritárias em tempos de homogeneização cultural promovida pela globalização. Também exige o discernimento dos efeitos das ações educativas na constituição identitária dos estudantes, o que torna conveniente analisar como o contexto cultural empreendido nas práticas pedagógicas interfere na identidade dos alunos. Algumas perguntas, nesse caso, são pertinentes: "Em quem se estão convertendo nossos/as alunos/as? De que modo os significados partilhados nas interações das salas de aula reforçam, desafiam ou desorganizam as identidades que estão construindo? Deveria/poderia ser diferente? Como?" (MOREIRA; CÂMARA, 2010, p. 40).

Além disso, compreender a identidade como histórica e culturalmente construída e seu elo com o processo pedagógico acarreta na percepção de uma íntima relação com a diferença e os significados produzidos socialmente sobre ela, uma vez que o que somos define-se também pelo que não somos. Com o objetivo de desestabilizar relações de poder escalonadas, a atenção precisa deslocar-se da identidade para a diferença, enquanto alvo de preconceitos, discriminações e opressões. Cabe manter um canal permanentemente aberto com os estudantes para discutir como se produz o "nós" e o "eles", bem como quais têm sido as formas de reagir ou interagir com essa realidade, tanto na escola como fora dela.

Na educação, o multiculturalismo crítico reconhece o outro – "aquele que é oposto a *nós*, ao nosso modo de ser e agir no mundo" (NEIRA; NUNES, 2009, p. 215, grifo nosso) – e procura trazer todos em condições equitativas para o diálogo e a divergência que se fazem presentes em qualquer construção coletiva. As ações educativas desenvolvem-se por meio do que McLaren denominou *pedagogia do dissenso*, aquela que promove negociação cultural, enfrenta relações hierárquicas e explicita o modo pelo qual o poder foi construído e quais estratégias utiliza para manter a assimetria. Trata-se, portanto, de uma "pedagogia que enfatiza os processos de construção política e social da supremacia de certos grupos e identifica suas formas hegemônicas de convencimento e continuidade no poder" (MCLAREN, 2000, p. 215). Logo, o multiculturalismo crítico atua em processos institucionais, econômicos e estruturais que estão na base da discriminação com relação às diferenças culturais.

A pedagogia influenciada pelo multiculturalismo crítico assume para si a responsabilidade pela análise do processo constitutivo do racismo, do sexismo e dos preconceitos de classe social a partir dos pontos de vista econômico, semiótico, político, educativo e institucional. É imperativo que os professores conheçam de que maneira os discursos moldam a conduta e a identidade dos estudantes, classificando-os segundo a hierarquia da dominação (hábeis/inábeis, rápidos/lentos, fortes/fracos e também brancos/não brancos, cristãos/não cristãos, heteroafetivos/homoafetivos etc.) Fortalecidos por esses conhecimentos, os docentes são capazes de ajudar os alunos a superar barreiras sociais, fazendo com que se interessem pela análise das várias formas de interpretar a vida e pelos métodos de resistência à opressão, visando à composição de uma comunidade democrática e multicultural (NEIRA, 2010). Quando vivenciam essa experiência, os estudantes passam a identificar-se com a luta política contra a opressão e em favor da democracia e tornam-se capazes de reconhecer as forças que modelam suas subjetividades e de buscar estratégias para o fortalecimento pessoal.

Em uma perspectiva multicultural, a igualdade não pode ser obtida pelo acesso a uma proposta de ensino hegemônica, conforme as pretensões educacionais de cunho neoliberal. Ao contrário, "a igualdade depende de uma modificação substancial do currículo existente" (NEIRA; NUNES, 2009, p. 216). Só pode haver justiça se a escola promover situações de reflexão sobre as formas que produzem a diferença. Fazendo coro com McLaren (2000), Giroux e Simon (2008) propõem a *pedagogia do conflito* como alternativa para o diálogo entre posicionamentos de origens diversas, de modo que o professor se torne agente na construção de relações interculturais positivas por meio de ações didáticas que viabilizem o contato e o convívio com a diferença, sem abrir mão da solidariedade. É esse, afirma Candau (2010), o maior obstáculo a ser superado pelos educadores da escola atual.

O desafio torna-se maior uma vez que a opressão age por meio de disposições políticas, sociais e educativas que constroem barreiras e negam a determinados grupos a condução da própria vida. Neira afirma que a educação pode ser reduzida à projeção idealizada de dois tipos de sujeito: "de um lado o sujeito otimizador do mercado, triunfante e predador da nova ordem mundial e, do outro, uma grande massa que submete sua força de trabalho a empregos monótonos ou aguarda sem esperança o futuro nas filas de desemprego" (2010, p. 152). Ambos se concretizam nas ações voltadas para o capital, a flexibilização do mercado de trabalho, a desregulamentação do sistema, a competitividade, o trabalho em equipe e a necessidade de todos ajustarem-se aos efeitos da globalização.

Os resultados negativos, visíveis a todos, expõem a necessidade de atuar em favor da construção de outros sentidos, outras respostas, ou até outros questionamentos. Como alternativa, surge a ampliação do espaço público e do debate coletivo, visando a melhores condições sociais, entre elas, os direitos sociais, a justiça e a cidadania entendidas como possíveis resistências e transgressões ao avanço do neoliberalismo (NEIRA, 2006).

No esforço de fortalecer as iniciativas pedagógicas opostas à avalanche neoliberal e seus efeitos nocivos na constituição identitária dos sujeitos, Moreira e Câmara (2010) sugerem princípios úteis ao planejamento e ao desenvolvimento de práticas educativas preocupadas com a gestão da diversidade e seus reflexos na formação das identidades. Esses princípios articulam-se intimamente e desdobram-se em atividades de ensino culturalmente orientadas:

- Procurar aumentar a consciência das situações de opressão que se expressam em diferentes espaços sociais.

- Propiciar a aquisição de informações referentes a distintos tipos de discriminação e preconceitos.

- Estimular o desenvolvimento de uma imagem positiva de grupos subalternizados.

- Favorecer a compreensão do significado e da construção de conceitos que têm sido empregados para dividir e discriminar sujeitos e grupos, em diferentes momentos históricos e em diferentes sociedades.

- Facilitar a compreensão e a crítica das identidades sociais promovidas pelos diferentes meios de comunicação.

- Facilitar o surgimento de novos posicionamentos e novas atitudes que venham a caracterizar propostas de ação e intervenção.

- Articular as diferenças.

Os princípios arrolados têm pouco impacto caso os professores não analisem suas próprias experiências. Comportar-se como se esse fosse um problema exclusivo da pedagogia ou apenas da escola pública é o maior deslize que os docentes podem cometer. Por essa razão, os "educadores multiculturalistas críticos têm de compreender qual é a sua situação na realidade da teia social, com relação aos eixos de poder de natureza étnica, de classe social e gênero" (NEIRA, 2010, p. 153). Os professores precisam tornar-se estudiosos da pedagogia e de sua inter-relação com o poder, a identidade e o conhecimento. A compreensão da complexidade e da sutileza que envolve esse processo permite enxergar os procedimentos pelos quais o poder afeta os sujeitos e seus caminhos até a colonização dos desejos e do prazer.

Os professores compreendem, desse modo, que sua prática profissional envolve a eles mesmos, aos estudantes e aos conhecimentos derivados do componente curricular, com as experiências diárias de pessoas que lutam por viver de forma justa e democrática, tanto no âmbito público, como no privado (NEIRA, 2010, p. 153).

As dimensões pedagógicas do multiculturalismo crítico vêm determinadas pelas opressões implícitas no modo como se constroem conhecimentos, valores e identidades. Brincadeiras, filmes, reportagens televisivas, atividades escolares e demais práticas sociais disseminam representações e conhecimentos que se inscrevem em algum nível da consciência. Muito embora seja possível reagir a uma inscrição cultural, sua repetição ou contato com outras de teor semelhante acaba por influenciar o processo identitário de um sujeito ou grupo. Como a pedagogia cultural preocupa-se justamente com os discursos que influíram na construção de dada representação, seja qual for o objeto de estudo, investigá-los torna-se uma atividade fundamental.

Inscrição cultural: Nunca é tarde para lembrar que as representações acessadas por qualquer pessoa se sustentam nos blocos de poder internos às várias estruturas de etnia, classe social, religião, gênero, lugares geográficos, escolarização, tipo físico etc.

A proposta cultural da Educação Física abre espaço para a tematização das práticas corporais pertencentes a qualquer grupo, independentemente da origem ou da posição hierárquica. Cabe ao professor selecionar cuidadosamente o tema a ser estudado, planejar as atividades de ensino e as formas de avaliação

Capítulo 7 · O multiculturalismo e o ensino da Educação Física **139**

e, principalmente, refletir a respeito de seu posicionamento com relação a brincadeira, dança, luta, esporte ou ginástica em foco. Todos esses elementos veiculam ideologias que, sem a devida atenção, podem colaborar para a construção de identidades subordinadas ou superiores, com tendências segregacionistas ou integracionistas, reforçando o preconceito e a injustiça social ou o reconhecimento e a valorização das diferenças. Obviamente, o diálogo deve permear todo o processo, o que, em hipótese alguma, significa deslocar o professor da sua responsabilidade e autoridade.

> **Posicionamento:** Quando o professor não revê suas representações acerca de determinada prática corporal, corre o risco de abordar superficialmente questões problemáticas ou deixar transparecer seus preconceitos.

Qualquer prática corporal deve ser estudada de forma contextualizada mediante situações didáticas que permitam reconhecer o ponto de vista dos seus representantes.

O currículo deve abrir espaços para que os rappers e skatistas estudem melhor o rap e o skate e também as demais práticas corporais, enfim, para que estudem o afoxé, o funk etc., sempre acompanhados das histórias de luta desses movimentos, pelo seu reconhecimento e dignidade (NEIRA, 2010, p. 158).

A postura pedagógica aqui defendida não se assemelha ao olhar distante e episódico repleto de noções caricaturizadas e performáticas. Dizendo de outro modo, a proposta cultural não tem nada a ver com apresentar aos alunos uma dança exótica, reproduzir seus gestos e demonstrá-la em uma festividade escolar. Tampouco se aproxima da mera adaptação de uma modalidade esportiva menos presente na mídia seguida de sua execução. Projetos com esse caráter celebratório, infelizmente comuns em algumas escolas, contribuem apenas para folclorizar as diferenças.

O fomento a uma pedagogia cultural da Educação Física acarreta um trabalho criterioso com os conhecimentos dos setores minoritários. A tematização das práticas corporais dos oprimidos a partir de seu ponto de vista desafia crenças e metáforas da cultura hegemônica. Quando se deparam com brincadeiras, danças, lutas, esportes e ginásticas a partir de uma perspectiva contra-hegemônica, os estudantes pertencentes aos grupos dominantes apreciam o fato de que existem olhares que desconhecem ou que estavam submersos. Eles percebem que a escola e os meios de comunicação desprezam outras formas de ver, negando-lhes o acesso a saberes relevantes sobre a cultura corporal.

A tematização das práticas corporais dos diferentes fornece informações importantes para compreender a complexidade do processo de produção do conhecimento e como são formatadas as opiniões que as pessoas têm a respeito de si mesmas e de tudo o que as cerca, incluindo a regulação de suas ações. O acesso a esses dados proporciona uma representação bem diferente do mundo e dos processos que o configuram. Os professores que problematizam o ponto de vista dos diferentes ajudam os sujeitos a identificar os dispositivos da opressão e a compreender sua possível cumplicidade com ela e também alertam a comunidade sobre nuances ocultas e condutas encobertas. Esse processo de identificação estimula estudantes, professores e comunidade a refletir sobre suas vidas e a desenvolver a vontade de controlá-las (GIROUX; SIMON, 2008).

É um grande equívoco pensar que a desigualdade, o preconceito ou a injustiça social interessam a alguém. Todos os grupos presentes nas instituições escolares têm a necessidade de unir-se na luta comum pelo fortalecimento da democracia. Cabe aos professores promover uma pedagogia que entenda a natureza específica da diferença e que também aprecie os princípios da equidade. A intenção é identificar e problematizar as representações em circulação, para que os estudantes possam compreender os significados atribuídos aos grupos e às práticas corporais que criam e recriam. Não se trata de buscar a construção de consensos entre os diferentes, mas sim de apropriar-se da noção de solidariedade, conceito bem mais inclusivo e transformador.

> *Um contexto solidário proporciona, de um lado, a ética entre os grupos sociais que lhes garanta o respeito suficiente para ouvir ideias diferentes e utilizá-las na consideração dos valores sociais existentes e, de outro, a consideração da interconexão das vidas dos indivíduos de diferentes grupos, até o ponto em que todos tenham de justificar suas ações uns com os outros (GIROUX, 1988, p. 159).*

A apreciação pela diferença e por seus benefícios políticos, pedagógicos e cognitivos pode manifestar-se por meio da apresentação e discussão, em sala de aula, dos pontos de vista dos estudantes e do professor, examinando também a forma como são expressados. É desejável que as atividades de ensino promovam a exposição a um número cada vez maior de vozes divergentes, o que proporciona outras formas de ver as coisas. O esforço de compreender os esquemas sociais daqueles que pensam e agem de modo diferente oferece um conhecimento mais profundo dos próprios sistemas de crenças, conceitos e preconceitos.

Na pedagogia cultural, a visão "de cima" (eurocêntrica, masculina, da classe média e alta) divide o espaço pedagógico com as visões "de baixo", contribuindo para o reconhecimento das perspectivas dos diferentes. Do ponto de vista epistemológico, o contato com todas as vozes que estiverem à disposição proporciona a reformulação da estrutura educativa dominante.

A vantagem do tratamento crítico, sério e pedagógico da cultura corporal minoritária relaciona-se com o que Kincheloe e Steinberg (2012) denominam *consciência dupla*. O conhecimento do patrimônio das elites e dos mecanismos que empregam para fazer valer seus significados permite aos subalternizados enxergarem a si mesmos sob a percepção dos demais. Ao trabalhar nessa perspectiva, a pedagogia cultural fundamenta-se na compreensão de que a pessoa educada com base nas teorias pós-críticas sabe mais sobre a cultura dominante que o simples saber validado.

A ciência ocidental, fruto da ideologia europeia e do protagonismo masculino das classes abastadas, não é a única fonte à qual os professores podem recorrer em busca de conhecimentos sobre as práticas corporais. Além das mídias, os saberes encontram-se à disposição nos espaços formais e informais, como parques, praças, academias, escolinhas, clubes, centros esportivos, balneários, casas de cultura, praias, instituições de ensino ou qualquer outro lugar em que os praticantes se reúnam para vivenciá-las, conversar sobre elas ou apresentá-las. A partir de informações acessadas nesses locais devidamente documentadas, professor e alunos podem analisar as representações acerca da prática e dos seus participantes.

Não é de estranhar que, em razão da própria constituição identitária, muitos educadores permaneçam alheios aos benefícios da dupla consciência, o que dificulta o questionamento do sistema educativo e social dominantes. A pedagogia convencional ensina a acreditar que o conhecimento válido é produzido de forma neutra, nobre e altruísta e deixa de lado as questões culturais e de poder que envolvem a produção do conhecimento. As decisões tomadas em meio a essa luta repercutem na escola, nas instituições econômicas, na cultura popular e nas esferas políticas de maneira dramática e, às vezes, com consequências imprevistas.

O professor não pode abster-se da sua função perante a sociedade. A fim de que possa resistir às pretensões apolíticas das propostas que impõem o aceite de determinados conteúdos adjetivando-os de comuns, universais ou imprescindíveis, pode aceitar o conselho de Shor e Freire (1986) e adotar uma postura crítica. O que não deixa de ser um enorme desafio, afinal, a formação docente na maioria absoluta dos casos deu-se na direção contrária.

A pedagogia cultural expõe as artimanhas do poder oficial para a invalidação dos saberes dos grupos marginalizados por meio de situações didáticas em que seja investigada a naturalização de certos conhecimentos e representações acerca das práticas corporais. A existência de turmas de treinamento na escola, a lógica do "quem ganha fica" nos jogos do intervalo, a separação por sexo para a organização das aulas, o formato dos campeonatos escolares, a visão ingênua da obrigatoriedade de dar a chance de todos tocarem a bola, a prioridade a determinados esportes, entre tantos outros fatos comumente vistos nas escolas, estão ancorados em visões de habilidade e rendimento que precisam ser combatidas. A perpetuação dessas ações reforça a supremacia de grupos dominantes ou sua "benevolência" ao incluir os não habilidosos. Além de distorcer os fatos, isso em nada contribui para a compreensão das relações que produziram alguns como identidade enquanto outros foram relegados à diferença (NEIRA, 2010).

Olhar criticamente para o que acontece no interior da escola pode ser o primeiro passo, mas o mesmo cuidado precisa ser adotado com relação às representações que circulam na sociedade mais ampla. No âmbito das práticas corporais, é interessante investigar, entre outras questões, por que as equipes masculina e feminina de voleibol usam uniformes diferentes; quais princípios inspiram a transformação das academias em supermercados da ginástica com frequentes ofertas de novas modalidades; o que leva à procura de esportes radicais cujo risco de vida é iminente; quem são as pessoas que se submetem a trocar golpes no interior de um octógono até que uma delas não possa mais ficar em pé; quais são as fontes de inspiração dos criadores dos videogames. O rol de aspectos que podem ser problematizados nas aulas de Educação Física é infinito. Se alunos e professor prestarem atenção ao que acontece a sua volta e chegarem a um acordo sobre suas prioridades, terão material de sobra para trabalhar. Em pouco tempo, perceberão que a problematização de determinada representação levará à necessidade de problematizar outra e assim indefinidamente.

A pedagogia cultural da Educação Física incita o professor a familiarizar-se com as questões políticas e epistemológicas que circundam a escola, o ensino e o componente curricular. Como produtor de conhecimento, o docente inicia o trabalho pedagógico a partir da experiência dos estudantes, promovendo análises sobre as forças sociais, econômicas e culturais que configuram as práticas corporais, às quais eles tiveram ou têm acesso.

O trabalho flui com o ensino dos procedimentos que caracterizam alguns métodos de investigação, como a etnografia e a historiografia. Para além da pesquisa bibliográfica ou de imagens na internet, alunos e professor podem coletar informações preciosas sobre a prática corporal objeto de estudo por meio de observações, relatos, narrativas, entrevistas, questionários e leituras. O passo seguinte consiste em discutir os conteúdos dos materiais reunidos, confrontando-os com as próprias experiências e buscando desvendar aqueles saberes que, à primeira vista, encontravam-se encobertos (NEIRA, 2014). O resultado, como se pode esperar, vai além da simples referência a conhecimentos pertencentes a grupos minoritários. A questão é usar outras modalidades de saber para que a hegemonia da estrutura monolítica do conhecimento acadêmico seja desafiada e as experiências dos estudantes sejam analisadas e sutilmente conectadas a questões sociopolíticas mais amplas, suscitando a conexão entre o que se estuda e a realidade da comunidade.

A pedagogia cultural desatualiza o presente e coleta o vulgar e o trivial para examiná-los de outros ângulos, questionando tudo o que é estudado e ultrapassando visões estereotipadas ou comuns (KINCHELOE; STEINBERG, 2012). Fundamentar-se no multiculturalismo crítico requer entender que as práticas corporais foram produzidas em dado contexto sócio-histórico, com determinadas intenções, sentidos e significados, mas que também, com o passar do tempo, foram ressignificadas pelas relações travadas com a macroestrutura social.

Na Educação Física, a pedagogia cultural pode empreender uma análise das razões que desencadearam a ressignificação de determinada prática corporal, configurando um diálogo entre ela e a sociedade. Isso coloca o professor na condição, ou necessidade, de perguntar de onde vem o conhecimento que a escola ensina, quem o certifica e quais são as implicações e os efeitos nos estudantes.

A tematização do patrimônio cultural corporal da comunidade e a problematização dos significados que lhe são atribuídos objetivam imergir os estudantes nas águas da realidade, para que possam constatar as possibilidades existentes no cotidiano dos acontecimentos. A simples retomada da trajetória histórica da brincadeira, da dança, da luta, do esporte ou da ginástica como objetos de estudo não conduz diretamente ao encontro das soluções para problemas vividos, mas, em certo sentido, possibilita a ampliação do olhar. Além dessa medida, são necessárias várias outras, analíticas e propositivas, caso se queira que os sujeitos adquiram posturas reflexivas sobre o que acontece nas diferentes esferas do tecido social (mídia, trabalho, poder público etc.). As atividades de ensino não podem deixar de descrever posturas a favor e contra. Cada uma sofre influências das posições de solidariedade e lealdade aos grupos aos quais pretende servir. Como não existem categorias individuais de significação, liberdade ou razão, a solidariedade forma a base da análise ideológica e constitui-se no fundamento do trabalho educacional.

A investigação é uma atividade de ensino essencial na pedagogia cultural. Trata-se de uma possibilidade para interagir com outras representações. A análise dos produtos culturais com os quais os estudantes têm contato, mediante questões previamente elaboradas, observações *in loco* ou gravações de depoimentos, permite descortinar uma série de preconceitos que permeiam as práticas corporais (de classe social, dimensões corporais, hábitos de vida, religião, profissão, orientação sexual etc.) e dificultam ou impedem sua presença na escola ou em outras instâncias sociais.

A pedagogia cultural da Educação Física proporciona acesso ao que estava escondido. Para aprofundar os conhecimentos com relação ao tema abordado, o educador pode estimular os estudantes a explorar os significados que as práticas corporais têm em suas vidas, ajudando-os a perceber o quanto suas condições de aproximação ou distanciamento delas estão marcadas pela própria história de vida. Para tanto, as vivências devem ser acompanhadas de leituras. Enquanto um grupo dança, o outro pode observar e registrar. O mesmo pode acontecer durante uma modalidade esportiva ou uma luta. Os registros escritos, filmados, gravados ou desenhados podem ser submetidos à análise coletiva. Os objetivos daquela prática corporal e o que ela significa para os participantes precisam ser explicitados e confrontados com as trajetórias individuais. A conexão entre o percurso da dança ou esporte em questão e a interpretação dos resultados das pesquisas realizadas permitem ao grupo situar socialmente a prática corporal, no sentido global, local e pessoal. O conhecimento do percurso histórico de determinado esporte, por exemplo, tem mais sentido se puder ser entrecruzado com sua presença na comunidade e na vida dos estudantes.

Apesar do que propagam os discursos conservadores, é importante dizer que a Educação Física cultural não pretende trocar o centralismo da cultura corporal dominante por um centralismo da cultura dos estudantes. O que se defende é que os conhecimentos alusivos às práticas corporais desdenhadas ou tergiversadas possam receber a mesma atenção que as manifestações hegemônicas. Também espera-se que a cultura corporal dominante seja analisada com outros olhares, tomando como base as crenças epistemológicas pertencentes a setores minoritários. Essa análise não tem intenção de demonizar as práticas elitizadas nem de afirmar que se tratam de conspirações contra os grupos desfavorecidos. Apenas pretende-se abrir espaço para os saberes que historicamente foram vilipendiados. Esses conhecimentos são convertidos em valiosos recursos na construção de um futuro melhor para todos, o que significa um futuro coletivo baseado nos princípios comunitários, no poder compartilhado e na justiça social.

A pedagogia cultural busca novas formas de ver as coisas quando valoriza as perspectivas marginais. A premissa básica é que a análise histórica do passado contribui para a compreensão das transformações sociais ocorridas e alenta para a modificação do atual quadro social. Dado que a cultura é uma dinâmica movida pela ação dos sujeitos mediante suas necessidades e intenções políticas, não pode ser vista como fixa e determinada. A proposta aqui defendida permite uma visão ampla das relações sociais, o que é muito mais valioso para os grupos alijados que a continuidade de projetos educacionais baseados na negação.

Essa pedagogia desafia, ainda, os conhecimentos e as ações didáticas tradicionalmente validados no contexto escolar a cumprir um ideal político comprometido com a constituição de sociedades democráticas em que prevaleçam a solidariedade e o reconhecimento das diferenças. Estrategicamente, acolhe os saberes dos grupos minoritários, desenvolve práticas educativas que consideram a realidade vivida pelos estudantes, dialoga com a diversidade cultural e, pela análise histórica, desvenda as relações de poder que perpetuam a assimetria instaurada na teia social entre distintas práticas corporais e seus representantes. O futsal, o basquete, o handebol e o voleibol permanecerão intocáveis até quando? Por quanto tempo mais as brincadeiras populares serão transformadas em objeto de "resgate"? Até quando o circo e a capoeira serão tratados como elementos exóticos?

A Educação Física cultural desprende-se do marasmo que povoa as quadras e os pátios com estudantes habituados a conhecimentos técnicos, para unir-se ao conflito dos espaços públicos, da relação com a comunidade e com as problemáticas vividas na realidade, incitando posturas efetivamente engajadas com a ocorrência social das práticas corporais. Para tanto, articula suas ações com as relações interpessoais experimentadas na escola e fora dela, com o intuito de promover situações de ensino que assegurem a democracia e colaborem para a construção de uma sociedade menos desigual.

REFERÊNCIAS BIBLIOGRÁFICAS

CANDAU, V. M. Multiculturalismo e educação: desafios para a prática pedagógica. In: MOREIRA, A. F. B.; CANDAU, V. M. (Org.). **Multiculturalismo:** diferenças culturais e práticas pedagógicas. Petrópolis: Vozes, 2010.

CANEN, A.; OLIVEIRA, A. M. A. Multiculturalismo e currículo em ação: um estudo de caso. **Revista Brasileira de Educação**, Rio de Janeiro, n. 21, p. 61-74, set./dez. 2002.

CORTESÃO, L; STOER, S. R. A interface de educação intercultural e a gestão de diversidade na sala de aula. In: GARCIA, R. L.; MOREIRA, A. F. B. (Org.). **Currículo na contemporaneidade:** incertezas e desafios. São Paulo: Cortez, 2008.

GIROUX, H. **Escola crítica e política cultural**. São Paulo: Cortez, 1988.

_____. SIMON, R. Cultura popular e pedagogia crítica: a vida cotidiana como base para o conhecimento curricular. In: MOREIRA, A. F.; SILVA, T. A. T. (Org.). **Currículo, cultura e sociedade**. Tradução de Maria Aparecida Batista. São Paulo: Cortez, 2008.

HALL, S. **Da diáspora:** identidades e mediações culturais. Belo Horizonte: Ed. da UFMG, 2009.

KINCHELOE, J. L.; STEINBERG, S. R. **Repensar el multiculturalismo**. Barcelona: Octaedro, 2012.

MCLAREN, P. **Multiculturalismo revolucionário:** pedagogia do dissenso para novo milênio. Porto Alegre: Artmed, 2000.

MOREIRA, A. F. B.; CÂMARA, M. J. Reflexões sobre currículo e identidade: implicações para a prática pedagógica. In: MOREIRA, A. F. B; CANDAU, V. M. (Org.). **Multiculturalismo:** diferenças culturais e práticas pedagógicas. Petrópolis: Vozes, 2010.

NEIRA, M. G. O currículo multicultural da Educação Física: uma alternativa ao neoliberalismo. **Revista Mackenzie de Educação Física e Esporte**, São Paulo, v. 5, n. 2, p. 75-83, 2006.

_____. **Ensino de Educação Física**. São Paulo: Cengage Learning, 2010.

_____. Educação Física. São Paulo: Blucher, 2011. (Coleção A reflexão e a prática no ensino, v. 8).

_____. **Práticas corporais:** brincadeiras, danças, lutas, esportes e ginásticas. São Paulo: Melhoramentos, 2014.

_____. NUNES, M. L. F. **Educação Física, currículo e cultura**. São Paulo: Phorte, 2009.

_____. Pedagogia da cultura corporal: motricidade, cultura e linguagem. In: NEIRA, M. G. **Ensino de Educação Física**. São Paulo: Cengage Learning, 2010.

SHOR, I.; FREIRE, P. **Medo e ousadia:** o cotidiano do professor. Rio de Janeiro: Paz e Terra, 1986.

SILVA, T. T. **O currículo como fetiche:** a política e a poética do texto curricular. Belo Horizonte: Autêntica, 2001.

_____. **Teoria cultural e educação:** um vocabulário crítico. Belo Horizonte: Autêntica, 2000.

SKLIAR, C.; DUSCHATZKY, S. O nome dos outros: narrando a alteridade na cultura e na educação. In: LARROSA, J.; SKLIAR, C. (Org.) **Habitantes de Babel**. Belo Horizonte: Autêntica, 2001.

8

A tematização no ensino da Educação Física

Ivan Luis dos Santos

Marcos Garcia Neira

Sem a menor intenção de apresentar brincadeiras, danças, lutas, ginásticas e esportes absolutamente desconhecidos dos alunos, muito menos de adaptá-los a determinados níveis de aptidão física e habilidade motora ou de tentar emancipá-los a partir do acesso ao conhecimento científico, as aulas de Educação Física pautadas na perspectiva cultural transformam-se em espaços de leitura, análise, compreensão e produção de práticas corporais. Diferentemente das propostas esportivista, psicomotora, desenvolvimentista e da educação para a saúde, a pedagogia cultural volta-se para a diminuição das injustiças sociais, sobretudo ao promover uma educação corporal democrática com base no reconhecimento das vozes e das gestualidades dos grupos que coabitam a sociedade.

Edificada a partir dos campos teóricos dos Estudos Culturais e do multiculturalismo crítico, essa perspectiva de ensino organiza-se a partir de temas culturais. É por meio da tematização das práticas corporais que professores e alunos acessam diferentes discursos e representações e produzem novos significados com relação à cultura corporal.

Seguindo o raciocínio de Freire (1980) e Corazza (2003), tematizar significa abordar algumas das infinitas possibilidades que podem emergir das leituras e interpretações da prática social de dada manifestação. Tematizar implica procurar o maior compromisso possível do objeto de estudo em uma realidade de fato, social, cultural e política. O que se pretende com a tematização é uma compreensão profunda da realidade em foco e o desenvolvimento da capacidade crítica dos alunos como sujeitos de conhecimento, desafiados pelo objeto a ser conhecido (NEIRA; NUNES, 2009, p. 261-262).

Na perspectiva freiriana, é a própria experiência dos educandos que se torna a fonte primária de buscas dos temas significativos ou dos *temas geradores*. Os conteúdos são extraídos de questões percebidas pela comunidade que, para serem pedagogizadas, devem amparar-se em atividades de ensino fundadas no ato dialógico. Assim, "Freire acredita que o papel do educador é entrar num diálogo com as pessoas, a respeito de temas que tenham a ver com as situações concretas e experiências que fundamentam suas vidas diárias" (GIROUX, 1986, p. 296).

Freire também explica que é pelo diálogo que alunos e professores conhecem o mundo, tomam consciência das coisas, das relações e, principalmente, de si mesmos. Nessa medida, conhecer não é uma ação isolada, individual ou desinteressada, uma vez que envolve intercomunicação, intersubjetividade e intenção. É justamente "a intersubjetividade do conhecimento que permite a Freire conceber o ato pedagógico como um ato dialógico" (SILVA, 2011, p. 59), por meio do qual o mundo – objeto a ser conhecido – não é simplesmente comunicado. O ato pedagógico não consiste em comunicar o mundo; em vez disso, cria-se dialogicamente o conhecimento do mundo.

Atividades de ensino baseadas em pesquisas, análises, reflexões e discussões, quando articuladas à prática social dos educandos, possibilitam a apreensão da realidade. É por isso que a pedagogia freiriana concede importância central ao papel dos educadores, aos quais cabe organizar e sistematizar situações didáticas nas quais os alunos possam ampliar seus olhares a respeito daquilo que conhecem inicialmente de forma fragmentada. Pois, "se num primeiro momento o conhecimento social se mostra sincrético, disperso e confuso, análises cada vez mais profundas permitirão a construção de sínteses pessoais e coletivas" (NEIRA; NUNES, 2009, p. 262). Trata-se, portanto, de uma proposta concebida a partir da investigação do contexto concreto em que os educandos estão inseridos.

Em vez de um ensino abstrato para sujeitos abstratos, o trabalho pedagógico é tecido dialogicamente com os sujeitos do processo educativo, incidindo sobre as questões da realidade. Freire (1983) destaca a importância da participação das pessoas envolvidas no ato pedagógico na construção de seus próprios significados e valores culturais, bem como de ratificar as estreitas conexões entre a pedagogia e a política, a educação e o poder. Mais precisamente, quando o conteúdo é originado na subjetividade das culturas populares, minimiza o risco do oprimido absorver conhecimentos elaborados sob a óptica dominante, o que o tornaria, também, opressor.

As ideias de Freire constituem a plataforma da proposta cultural da Educação Física acerca da definição dos saberes colocados em cena durante as ações didáticas. Opondo-se ao ensino que despreza o entendimento que os sujeitos possuem da realidade, a definição dos temas de estudo leva em conta a ancoragem social dos conhecimentos (MOREIRA; CANDAU, 2003), isto é, o contexto de ocorrência das práticas corporais. O ambiente escolar transforma-se, então, em espaço vivo de interações, aberto ao real e a suas múltiplas dimensões. É o que torna o conhecimento fundamental para compreensão e intervenção na realidade (NEIRA; NUNES, 2006).

> **Pedagogia freiriana:** Freire propôs uma sequência de ações constituintes da prática educativa que, posteriormente – contrariando o próprio autor –, foram universalizadas e cristalizadas como matrizes de um método, o "método Paulo Freire". Dentre as ações previstas por Freire (1983), a "investigação temática" aparece como o primeiro momento da prática educativa e está relacionada ao estudo dos modos de vida percebidos na localidade.

Em semelhança à pedagogia freiriana, na Educação Física cultural, a decisão do que será tematizado perpassa um mapeamento rigoroso do repertório disponível aos alunos – seja do entorno da escola, seja do universo cultural mais amplo –, bem como dos conhecimentos que possuem a respeito de determinada prática corporal. Outro elemento a ser considerado é a articulação do planejamento do professor com o projeto pedagógico da instituição.

Mapear significa proceder um estudo da realidade não limitado à simples coleta de fatos e dados. Acima de tudo, permite ao professor mergulhar na cultura dos educandos e emergir com um conhecimento maior sobre o grupo (FREIRE, 1983). Corroborando essa proposição, Giroux e Simon (2005) apontam para a urgência de um processo educativo que reconheça a realidade concreta da vida cotidiana e, consequentemente, torne-se a base para uma pedagogia crítica da possibilidade.

Ainda segundo Giroux e Simon:

> *[...] estamos avançando em direção a uma posição segundo a qual se poderia investigar a cultura popular como um campo de práticas que, para Foucault, constituem a indissolúvel tríade do conhecimento, do poder e do prazer. Muito da luta pedagógica consiste exatamente nisso: testar as formas pelas quais produzimos significados e representamos a nós mesmos,*

152 Educação Física cultural

Pedagogia pós-colonialista:
Uma síntese dos principais pressupostos do pós-colonialismo é apresentada no Capítulo 5.

Educação bancária: Na óptica freiriana, a educação bancária consiste no depósito de conhecimentos alienados e alienantes. Educa para a submissão, sufoca e reprime quando concebe o sujeito de forma acabada. Inviabiliza a reflexão sobre as contradições vividas no cotidiano. Tem o propósito de manter a ingenuidade e a acriticidade.

Produção monocultural da mente: A expressão foi cunhada por Vandana Shiva. A autora indiana denuncia a devastação de sistemas inteiros de tradições transeculares do conhecimento pelo colonialismo/imperialismo da racionalidade científica ocidental, o que provocou múltiplas estratégias de inferiorização do outro, as quais incidiram diretamente na formação de sujeitos alheios a seu próprio universo sociocultural, político-econômico e cognitivo-epistêmico. A esse respeito, Sousa Santos (2008) cunhou o termo "monocultura do conhecimento científico".

nossas relações com os outros e com o ambiente em que vivemos. Assim procedendo, fazemos uma avaliação do que nos tornamos e do que não mais desejamos ser. Também nos capacitamos a reconhecer as possibilidades ainda não concretizadas e a lutar por elas (2005, p. 107).

Antecipando-se aos Estudos Culturais, Freire apaga as fronteiras entre cultura erudita e cultura popular. Isso se dá porque essa "ampliação do que constitui a cultura permite que se veja a chamada 'cultura popular' como um conhecimento que legitimamente deve fazer parte do currículo" (NEIRA; NUNES, 2006, p. 134). Giroux (1987) também reconhece que a proposta de Freire oferece a possibilidade de organização de experiências pedagógicas em forma de práticas culturais que levem a modos – de aprendizagem e de luta – mais críticos, questionadores e coletivos. Consequentemente, a educação não deixa de ser uma "política cultural", uma vez que, ativamente, produz e cria significados sociais em uma estreita ligação com as relações de poder e desigualdade.

Frente às novas condições de dominação características da sociedade e da escola contemporâneas, Freire "inicia o que se poderia chamar, no presente contexto, de uma pedagogia pós-colonialista" (SILVA, 2011, p. 62). Lima e Germano demonstram ser da mesma opinião, quando apontam que a crítica de Freire à educação bancária possui afinidades com as reflexões pós-coloniais ao denunciar a "produção monocultural da mente" e a "violência epistêmica" (2012, p. 215).

No questionamento que fez à hierarquização intelectual inerente aos pressupostos da educação bancária, Freire flagrou a "passividade cognitiva" imposta ao educando e estendeu sua crítica à monocultura da mente que ela produz.

Monoculturas que se manifestam na quietude cognitiva dos estudantes, no medo ao questionamento, na ausência do diálogo e, sobretudo, na crença de que o saber docente é a única porta, exclusiva e válida, para o desenvolvimento intelectual dos estudantes (LIMA; GERMANO, 2012, p. 215).

A monocultura da mente resultante da educação bancária unilateraliza o sujeito ao negar-lhe a possibilidade de uma formação educativa plural, forjada somente na busca inquietante do saber, que só existe "na invenção, na reinvenção, na busca inquieta, impaciente, permanente, que os homens fazem no mundo, com o

Capítulo 8 A tematização no ensino da Educação Física 153

mundo e com os outros" (FREIRE, 1983, p. 66). As monoculturas da mente são o resultado da violência epistêmica perpetrada contra saberes populares considerados não-saberes pela razão científica dominante (LIMA; GERMANO, 2012, p. 205). O processo desencadeado pela educação bancária traduz-se na negação do saber discente, que torna invisível e silencia os conhecimentos dos educandos adquiridos da cultura paralela à escola.

Freire oferece outras possibilidades teóricas para tratar a autoridade e o discurso pedagógico colonialista que hipertrofiam o privilégio e a opressão, mantendo-os como forças ativas constituintes da vida diária. Após classificar o educador brasileiro como um "intelectual de fronteira", Giroux (1998) convoca os trabalhadores culturais – professores e outros intelectuais – a tornarem-se "cruzadores de fronteiras", abandonando teorias e ideologias que os situam na segurança dos lugares e espaços herdados da tradição colonial.

No tocante à Educação Física, as propostas de ensino colonizadas pelas práticas corporais euro-estadunidenses só ajudam a reiterar a hegemonia dos significados brancos, masculinos e cristãos. Não bastassem essas manifestações disseminadas nas escolas, seu viés performativo desconsidera outras possibilidades de significação pelos grupos culturais que com elas deparam. Sob o jugo da perspectiva convencional, as aulas de Educação Física apenas edificam o quadro de monoculturalização da mente e de violência epistêmica. Nesse contexto, soa ingênua a esperança de que seja possível algum dia cruzar as fronteiras da tradição colonial. O que se faz é simplesmente perpetuar a condição subordinada das culturas locais pelo convencimento de valores e atributos da cultura corporal hegemônica.

A fartura de exemplos torna obsoleta qualquer tentativa de contestação desse fato. Os estudantes das camadas populares aprendem desde bem cedo que o saber que conta nas aulas de Educação Física é aquele que provém da cultura dominante: os esportes hegemônicos, as brincadeiras europeias, as danças aceitas, o judô, o xadrez e, principalmente, as atividades corporais inventadas para ensinar conteúdos escolares. Os estudos de Neira e Pérez Gallardo (2006) e Chaim Júnior (2007) denunciaram que crianças e jovens das periferias têm raras oportunidades de vivenciar seus amplos repertórios culturais corporais na escola. Com o tempo, retiram-lhe toda a importância e passam a interessar-se quase exclusivamente pelo patrimônio dominante. O que apenas confirma a assertiva de Freire: o oprimido é hospedeiro do opressor.

Violência epistêmica: Os autores recuperam a expressão "violência epistêmica" de Gayatri Chakravorty Spivak, utilizada no livro *Pode o subalterno falar?*. Spivak refere-se à *violência epistêmica* como uma tática de neutralização do outro, de forma a invisibilizá-lo e expropriá-lo de qualquer possibilidade de representação.

Intelectual de fronteira: Como um intelectual de fronteira, Freire quebra os elos entre a identidade individual e a subjetividade coletiva. Ele desoculta uma política que liga o sofrimento humano a um projeto de esperança, não como um mergulho estático na textualidade sem as lutas humanas, mas como uma política de educação forjada nos deslocamentos políticos e nos materiais de regimes que exploram, oprimem, excluem, destroem e arruínam a vida humana (GIROUX, 1998, p. 194).

Possibilidades de significação: A etnografia realizada por Neira (2014) sobre a prática do *skate* no centro de São Paulo revelou uma postura majoritariamente contrária à participação em campeonatos ou *rankings*. No linguajar específico, preferem simplesmente "correr" nas calçadas, praças e ruas.

Felizmente, verifica-se em algumas escolas ou redes de ensino, a tematização das práticas corporais oriundas dos grupos subalternizados. Todavia, nem sempre a atenção e a seriedade dispensadas, assim como a profundidade e a carga horária propostas, proporcionam-lhes um tratamento pedagógico pós-colonial.

Essas abordagens superficiais terminam por transmitir a impressão de simples perfumaria ou algo exótico e curioso. Em outras palavras, promovem uma pedagogia insípida, apolítica e pouco compromissada, mediante a extração das marcas culturais que caracterizam essas práticas corporais e apoio nos discursos a respeito dos benefícios divulgados pela ciência branca e acadêmica que tais práticas desencadearão (NEIRA; NUNES, 2009, p. 222).

Não por outo motivo, as contribuições do pós-colonialismo podem somar-se às dos Estudos Culturais e do multiculturalismo crítico para formar as bases epistemológicas que conferem sentido à Educação Física cultural. A teorização pós-colonial oferece subsídios para investigar as intenções das narrativas que, por meio de conhecimentos extraídos dos grupos colonizadores, atuam na produção e nas maneiras de divulgar o outro, marcando a diferença. Além disso, esse campo teórico questiona as experiências escolares superficiais e descontextualizadas que, mesmo travestidas com "roupagem multicultural", não favorecem a construção de subjetividades abertas à diversidade.

> **Teorização pós-colonial:** Sobretudo pelas contribuições de Fanon (1983), Bhabha (1998) e Hall (2003).

A noção de tematização freiriana consiste em uma mudança paradigmática, uma ruptura iniciada pelo educador brasileiro que, mais tarde, seria ampliada pelas contribuições das teorias pós-críticas. Por meio dessas teorias, a ideia de um conhecimento escolar totalizante e totalizador, portanto necessário a tudo e a todos, é colocada em xeque. Após o trabalho de Freire, conhecer é mais do que deter conhecimento, é reconhecer-se no conhecimento necessário para atuar no mundo.

A tematização dissolve qualquer perspectiva apostilada, recusa o propedêutico, o modular, o capitular ou outra forma qualquer de blindagem do saber científico pela cultura hegemônica. Prefere o popular, as experiências, a vida vivida. Atenta a isso, a pedagogia cultural da Educação Física tematiza as práticas corporais a partir do patrimônio cultural corporal socialmente disponível. Todos os estudantes têm direito de estudar variados esportes, brincadeiras, danças, ginásticas e lutas, analisando-os sob a perspectiva dos diferentes grupos

Capítulo 8 A tematização no ensino da Educação Física **155**

culturais. A tematização emaranha as experiências dos professores e dos alunos com outros saberes – acadêmicos, do senso comum, populares ou pertencentes a grupos minoritários –, obtendo, dessa forma, a produção de novos sentidos para a prática corporal que é objeto de estudo (NEIRA, 2011). O resultado é a modificação nas representações dos educandos sobre o tema e as pessoas que o vivenciam, alcançando a constituição de identidades democráticas.

> *Quando, por exemplo, o currículo cultural da Educação Física empreende a análise dos estilos de dança eletrônica acessados pelos alunos ou investiga as academias que promovem a prática de yoga; viabiliza aos jovens escolares uma melhor compreensão das próprias danças e seus adereços, como também conhecimentos sobre as pessoas que frequentam as aulas de yoga. Docentes e estudantes, ao indagarem os fatores que envolvem essas manifestações na sociedade contemporânea, desvelam um emaranhado de relações de poder baseadas em interesses variados. O debate no interior do currículo denuncia as forças empregadas pelo poder para legitimar determinadas representações divulgadas socialmente (NEIRA, 2011, p. 121).*

Embora as obras de Freire empreguem termos binários (classes dominantes e dominadas, colonizador e colonizado, opressor e oprimido, consciência crítica e ingênua), a lógica da construção de seu pensamento foi capaz de captar ambivalências, interseções e cruzamentos, aproximando-o das preocupações pós-coloniais mais recentes. Ao se posicionar contrário à absolutização do saber da ciência e apostar no diálogo como forma de interação entre sujeitos, conhecimentos e culturas, Freire soube articular noções caras à modernidade (como emancipação, liberdade e democracia) e à crítica da própria modernidade. Suas observações, análises, interpretações e proposições atravessaram as fronteiras das teorias críticas e encontraram campo fértil também nas pós-críticas. Passos estes, seguidos e radicalizados pela perspectiva cultural da Educação Física.

Para além do pós-colonialismo, o pós-estruturalismo é outro campo teórico que fundamenta a noção de tematização adotada pela Educação Física cultural. Apoiado no pensamento pós--estruturalista, Silva (2001) define o sujeito como fruto da linguagem e, como tal, despossuído de uma propriedade essencial ou originária. Por conseguinte, o sujeito só existe como resultado de um processo de produção histórica, cultural e social, ou seja,

Pós-estruturalismo: Uma síntese dos principais pressupostos do pós-estruturalismo é apresentada no Capítulo 5.

constrói sua identidade com base nos aparatos discursivos, regulados socialmente por relações de poder. Dessa forma:

[...] não existe 'a' realidade dos oprimidos, mas 'ela' 'é' o que se fala, ou seja, tantas realidades quantas puderem ser faladas; e que, além disso, esses discursos são disputados, sendo qualificados apenas aqueles que conseguem 'ganhar' tais lutas de poder-saber e se impor com o estatuto de verdadeiros dentro de regimes de verdade estabelecidos. [...] Para a teorização pós-estruturalista, primeiro, não existem estados distintos de consciência e inconsciência, já que a própria consciência não é unitária, porque a concepção de sujeito muito menos o é. O que se tem agora é um sujeito multifacetado, provisório, parcial, incompleto, plural, porque é atravessado e constituído por polimorfas e polissêmicas práticas discursivas. Um sujeito, em verdade, mestiço e nunca homogêneo, nem centrado, quanto mais definitiva e criticamente consciente de sua exploração e de seu destino social (CORAZZA, 1997, p. 119-120).

Reconhecendo que Freire afasta-se das noções pós-estruturalistas que concebem o conhecimento estreitamente relacionado com suas formas de representação no texto e no discurso, Corazza (1997) propôs uma reterritorialização dos temas geradores pela via do pensamento foucaultiano e dos Estudos Culturais. De forma bem criativa, a autora conservou os mais produtivos significados da teoria freiriana e rearticulou outros para produzir o que chamou *temas culturais*. Ainda segundo Corazza, os "temas culturais são uma forma de planejar o ensino de seu tempo, uma forma que está sempre em tensão, que nunca está apaziguada e que jamais ficará acima de qualquer suspeita" (1997, p. 126). Ademais, os temas culturais injetam os conhecimentos subjugados no cenário escolar, aqueles que Foucault (1993) denominou *saberes da gente*. Pode-se dizer que o trabalho pedagógico a partir de temas culturais incorpora radicalmente os saberes da gente, transformando-os em conteúdos.

A prática de planejar e realizar o ensino exige que:

[...] cada temática trabalhada não seja vista por um único olhar e tampouco atribuída de um só sentido. Mas entre no jogo da pluralidade e da diferença, sendo falada de muitos lugares, atribuída de múltiplas e, até mesmo, antagônicas significações, por diferentes discursos. Que se cruzam e se transversam na rede discursiva, onde as relações de poder-saber

> **Reterritorialização:** Na nomenclatura introduzida por Gilles Deleuze e Félix Guattari, "territorializar" significa codificar, submetendo a regras e controles, setores ou elementos da vida social, como, por exemplo, a família, o trabalho, o corpo. Na análise de Deleuze e Guattari, o capitalismo caracteriza-se por um processo generalizado de desterritorialização, isto é, de descodificação ou afrouxamento de regras e controles tradicionais, seguido por um processo de reterritorialização, isto é, de instituição de novos e renovados controles e regras (SILVA, 2000).

tecem os fios estratégicos e táticos da disputa. Que sejam questionadas e confrontadas as diversas e diferentes posições discursivas, em outras palavras, reproblematizadas na luta cultural (CORAZZA, 1997, p. 128).

Corazza ressalta a pedagogia como uma política cultural que não se limita à crítica ideológica e se abre para descobrir formas de criar um espaço para o envolvimento mútuo da diferença vivida. Nessa perspectiva, o conhecimento não existe inicialmente no sujeito, pois está disseminado na sociedade.

Retroalimentada por essas ideias, a Educação Física cultural tematiza o repertório dos grupos minoritários, criando fendas para que outras vozes sejam ouvidas em atividades de ensino que não percam de vista a vida social. Essa pedagogia dá visibilidade à gênese e ao desenvolvimento contextual das práticas corporais, objetivando a problematização dos significados implícitos nos discursos que desqualificam determinadas manifestações culturais, sobretudo aquelas cujos representantes estão afastados dos centros de poder (NEIRA, 2011).

Uma vez selecionada a prática corporal a ser estudada, a tematização requer planejamento de atividades de leitura e significação dos discursos que se emitem a seu respeito. As representações que os enunciados veiculam são objetos de problematização, de modo a fomentar análises cada vez mais profundas e ampliadas acerca das condições assimétricas de poder cristalizadas nas relações de gênero, etnia, consumo, faixa etária, entre outras, que imprimem suas marcas na manifestação em pauta.

A tematização implica um conjunto de ações pedagógicas que partem da ocorrência social da brincadeira, dança, luta, esporte e ginástica, de forma a permitir o reconhecimento dos aspectos identitários que possuem, bem como a radicalização da crítica cultural dos artefatos que os constituem. Divergindo das propostas convencionais, na Educação Física cultural é a tematização que configura os conhecimentos a serem postos em circulação. Além disso, entende-se que toda teorização, todo conhecimento sobre a realidade nada mais é do que uma ficção, uma invenção, uma criação. Ao tematizar nunca se chega, de fato, ao fato. Apenas se fala sobre ele, construindo-o provisoriamente.

A tematização não se preocupa com a busca da verdade nem com a descoberta do conhecimento essencial. Ela combate a universalização e a naturalização dos conceitos, fecundando o

Crítica cultural: Moreira e Macedo (2001) veem na crítica cultural um caminho para analisar as identidades, criticar mitos sociais que subjugam determinados grupos, gerar conhecimento com base na pluralidade cultural e construir um ambiente solidário em torno dos princípios de liberdade, prática social e democracia.

Artefatos: Aqui se quer dizer gestos, ritos, regras, formas de organização, procedimentos, vestimentas, estratégias e tudo o mais que atribui especificidade a uma prática corporal.

questionamento dos discursos, desnudando-os de forma a tornar explícitos os jogos de poder-saber em que foram produzidos e dotados de estatuto social. Nessa vertente, a estrutura do conhecimento assume um aspecto fascicular, em que não há ramificações, e sim pontos que se originam de qualquer parte e se dirigem para quaisquer outros pontos.

Tomando de empréstimo a imagem criada por Deleuze e Guattari (2000), é possível afirmar que, na proposta cultural da Educação Física, o conhecimento é tecido *rizomaticamente*, em oposição à maneira segmentada de se conceber a realidade e ao modo positivista de se construir os conceitos. Em outras palavras, a verticalidade das árvores que erigiram os conhecimentos "verdadeiros" das propostas convencionais da Educação Física, na perspectiva cultural, dá lugar à horizontalidade dos rizomas, onde a produção do conhecimento é sempre provisória, múltipla, em devir e baseada na diferença.

A perspectiva cultural da Educação Física não recorre a qualquer organização taxionômica nem faz gradações para a distribuição dos conhecimentos, muito menos distingue hierarquicamente os saberes acadêmicos e populares. Ela tece o tempo todo uma rede de significados com base na ação e na interação dos seus participantes (NEIRA, 2011).

> **Desconstruídas:**
> No pensamento de Derrida (2001), desconstruir significa levar o sujeito a novos contextos, novas leituras, novos olhares sobre o outro e sobre ele mesmo, o que significa propor a possibilidade da coexistência com o paradoxo: a permanência na fronteira, naquilo que o autor caracteriza de indecidibilidade – os interstícios, os *entre-lugares* – que pode gerar estruturas fecundas para se repensar as diferenças e inverter as hierarquias. O conceito é melhor explorado no Capítulo 9.

Diferentemente da ramificação hierarquizada do conhecimento, a visão rizomática adotada não estabelece começo nem fim para o saber. A multiplicidade surge como linhas independentes que representam dimensões, territórios, modos inventados e reinventados de construir realidades que podem ser desconstruídas, desterritorializadas. Utilizando uma referência imagética oriunda da biologia – rizoma – e valendo-se de categorizações avessas à psicologia e à tradição filosófica ocidental, Deleuze e Guattari (2000) propuseram o arquétipo de um emaranhado conceitual, no qual se desenvolveria por meio de conexões circunstanciais a maturação do conhecer humano. Os autores chamam a atenção para o modelo de pensamento que se processa em ramificações constituídas por galhos, que denotam as várias ciências e os vários saberes produzidos sistematicamente pelo homem.

Os autores ainda destacam que:

É curioso como a árvore dominou a realidade ocidental e todo o pensamento ocidental, da botânica à biologia, a anatomia, mas também a gnosiologia, a teologia, toda filosofia...: o fundamento-raiz, Grund, roots e fundations (DELEUZE; GUATTARI, 2000, p. 28-29).

Capítulo 8 A tematização no ensino da Educação Física **159**

A crítica deleuze-guattariana está na própria inércia instituída pelo modelo da árvore, cujos galhos só podem se comunicar com o tronco e nunca entre si. É um eixo genealógico que ignora a própria subjetividade daquele que produziu essa representação como única forma de pensamento: o homem.

O pensamento não é arborescente e o cérebro não é uma matéria enraizada nem ramificada. O que se chama equivocadamente de 'dendritos' não assegura uma conexão dos neurônios num tecido contínuo. A descontinuidade das células, o papel dos axônios, o funcionamento das sinapses, a existência de microfendas sinápticas, o salto de cada mensagem por cima destas fendas faz do cérebro uma multiplicidade que, no seu plano de consistência ou em sua articulação, banha todo um sistema probabilístico incerto, uncertainnervous system. Muitas pessoas têm uma árvore plantada na cabeça, mas o próprio cérebro é muito mais uma erva [daninha] do que uma árvore (DELEUZE; GUATTARI, 2000, p. 25).

A crítica de Deleuze e Guattari não pode ser entendida como uma defesa da exclusão do pensamento arborescente, mas sim da hegemonia com que o pensamento profundo se apresenta e da falsa impressão que se tem da superficialidade, enquanto sinônimo de vazio e incipiência.

Estranho preconceito, contudo, que valoriza cegamente a profundidade em detrimento da superfície [...] que entende que superficial significa pouca profundidade [...] e que profundo significa grande profundidade [...] Um sentimento como o amor mede-se bem melhor, ao que se parece, se é que pode ser medido, pela importância de sua superfície do que pelo grau de sua profundidade (TOURNIER apud DELEUZE, 1974, p. 12).

As propostas arborescentes da Educação Física caracterizam-se, justamente, pelo movimento de profundidade. Ainda que possam sugerir simulações do múltiplo, disseminam conhecimentos a partir de uma unidade central ou de um núcleo. Ao ancorarem-se no conhecimento científico – para prometer saúde, emancipação, habilidades e competências –, não permitem ao sujeito uma relação aleatória ou um passeio ao longo do campo aberto e imanente da cultura corporal. Impedem a ruptura de dicotomias que congelam as identidades e atuam para paralisar o *jogo das diferenças*.

Arborescentes: Referência às perspectivas psicomotora, desenvolvimentista, crítica e da educação para a saúde, uma vez que buscam a correlação entre os conhecimentos a serem ensinados e as fases de crescimento e desenvolvimento estipuladas pela literatura.

Um rizoma, por sua vez, está sempre a caminho. Segundo Deleuze e Guattari, um "rizoma nem começa nem conclui, ele se encontra sempre no meio, entre as coisas, inter-se, intermezzo. A árvore é filiação, mas o rizoma é aliança, unicamente aliança" (2000, p. 37). Os pontos de um rizoma podem e devem se conectar a quaisquer outros pontos, promovendo a heterogeneidade. Os autores denominam o fenômeno de princípios de conexão e heterogeneidade, que estão relacionados com a amplitude e a complexidade do conhecimento. As coisas se relacionam. Pensar em alguma coisa é estabelecer relações com múltiplos elementos e em diversos aspectos. Tudo se relaciona com tudo. Porém, o tratamento de algo cria conexões, ligações, pontes de comunicação. Evidencia qualidades, define ângulos de abordagem, institui olhares, que são diferentes de outros.

Inversamente à metáfora da árvore em que tudo parte de um único ponto e visa à objetivação ou à subjetivação, o rizoma não mantém relação com o uno, pois segue o princípio de multiplicidade. O rizoma não admite sujeito nem objeto, mas sim determinações, grandezas, dimensões que não podem crescer sem mudar de natureza. Em defesa da inclusão, o rizoma opõe-se à verdade única, assimila e legitima os diferentes pontos de vista que possam surgir sobre um tema qualquer.

O rizoma quebra com processos rígidos de significação. A partir dele, os conceitos são apenas invenções que servem como ferramenta para a criação de outros conceitos. São dinâmicos, flexíveis, podem ser rompidos e ressignificados; opõem-se à visão estática do conceito que promove a dicotomia no âmbito do entendimento, endurecendo o aprendizado. É o princípio de ruptura assignificante. Todos os dias, nos círculos que promovem o conhecimento como a filosofia, a ciência e a religião, há uma busca incessante por afirmações e argumentos que defendam veementemente conceitos e teorias em detrimento de outras concepções, como se a validade de uma implicasse a falência das outras.

Cartografia: É o estudo das relações de forças que compõem um campo específico de experiências.

Decalcomania: Provém do decalque, da cópia. Mas, neste caso, o que se captam são os impasses e bloqueios.

Por fim, os princípios da cartografia e da decalcomania mostram que os rizomas não podem ser modelados, seguindo estruturas ou assumindo pontos específicos que orientam o conhecimento. Eles são sempre esboços incompletos. Deleuze e Guattari (2000) falam de mapas. Os mapas norteiam e indicam caminhos, mas também requerem novos traços. Eles expressam algo por vir, um devir. Os mapas podem ser revistos, rediscutidos, ressignificados, remapeados. Para esses autores, não existem cópias, sobreposições perfeitas de ideias, mas sim releituras, recriações a

Capítulo 8 A tematização no ensino da Educação Física **161**

partir de algo criado. É o que denominam *roubo criativo*, em que se transformam os conceitos dos quais os sujeitos se apropriam para criar algo novo.

Conceber o trabalho pedagógico na perspectiva rizomática requer, sobretudo, a compreensão de que existem diversas formas de conhecimento que dialogam entre si no interior de contextos histórico-sociais específicos e a partir das múltiplas conexões estabelecidas entre saberes científicos, populares, míticos, artísticos etc.

Inspirada nessas ideias, a tematização das práticas corporais na perspectiva cultural da Educação Física não tem por objetivo estabelecer uma aprendizagem de causa e efeito. Procura simplesmente "abordar as infinitas possibilidades que emergem das leituras e interpretações da prática social de cada manifestação" (NEIRA; NUNES, 2009, p. 262), exortando a própria ideia de profundidade do pensamento arborescente. A tematização privilegia os platôs, toma como base o devir e, para tal, problematiza o acontecimento por meio da diferença. Essa problematização implica em vê-la como produto cultural e atentar aos mecanismos envolvidos nessa produção. Trata-se de questionar os sistemas de diferença em seus significados, reconhecendo que podem ser considerados igualmente estranhos ou absurdos a depender do ponto de vista adotado.

Na Educação Física cultural, a tematização inspira-se no rizoma deleuziano ao entretecer e conectar variados discursos, conhecimentos e representações, passíveis de problematização. Freire ensina a desafiar os discursos fatalistas alimentados pela ideologia dominante que, de forma enganosa e coercitiva, tentam mascarar as injustiças sociais, principalmente aquelas produzidas pela exploração do homem pelo homem. A esperança exerce um papel fundamental na obra do autor que, por acreditar no ser humano como sujeito histórico, durante toda sua vida incentivou a luta pela mudança da realidade concreta. Os professores comprometidos com a transformação do mundo vislumbram o futuro como uma possibilidade concreta de mudança.

Nas palavras de Freire:

Tenho o direito de ter raiva, de manifestá-la, de tê-la como motivação para minha briga tal qual tenho o direito de amar, de expressar meu amor ao mundo, de tê-lo como motivação de minha briga porque, histórico, vivo a História com o tempo de possibilidade não de determinação. Se a realidade fosse assim porque estivesse dito que assim teria de ser não haveria sequer porque ter raiva. Meu direito à raiva pressupõe que, na experiência histórica da qual participo, o amanhã não é algo 'pré-dado', mas um desafio, um problema. A minha raiva, minha justa ira, se funda na minha revolta em face da negação do direito de 'ser mais' inscrito na natureza dos seres humanos. Não posso, por isso, cruzar os braços fatalistamente diante da miséria, esvaziando, desta maneira, minha responsabilidade no discurso cínico e 'morno', que fala da impossibilidade de mudar porque a realidade é mesmo assim. O discurso da acomodação ou de sua defesa, o discurso da exaltação do silêncio imposto de que resulta a imobilidade dos silenciados, o discurso do elogio da adaptação tomada como fado ou sina é um discurso negador da humanização de cuja responsabilidade não podemos nos eximir (FREIRE, 1996, p. 30).

E como pode um professor de Educação Física mudar o mundo, lutar contra as forças que parecem empurrar a todos para a desumanização? Ao tematizar o esporte, por exemplo, o docente não pode ocultar os inúmeros casos de *doping* nas competições, os desvios de recursos públicos destinados à organização dos megaeventos, o superfaturamento de multinacionais que comercializam materiais esportivos, a exploração do trabalho infantil para confecção de bolas e chuteiras em países de Terceiro Mundo, o aumento exorbitante dos preços de ingressos em partidas de futebol, a máfia dos cambistas, a fixação de horários de jogos para atender aos interesses das emissoras de televisão, os vários casos de falsificação de documentos que alteram a idade de atletas que enxergam na fraude o único meio de vencer, entre tantos outros acontecimentos que rodeiam o mundo esportivo. A noção ingênua da utilização do esporte como instrumento de promoção de saúde e a propagação do discurso da perseverança individual como meio para escapar à condição de miséria não podem passar impunes quando se atua a favor da democratização (FRANÇOSO; NEIRA, 2014).

Cruzar os braços diante da realidade instaurada e acomodar-se em um discurso mesquinho coberto de uma falsa neutralidade apenas enfraquece a luta por uma educação comprometida com a formação de uma sociedade capaz de lidar com as diferenças sociais, étnicas, raciais etc. "A rebeldia enquanto denúncia precisa se alongar até uma posição mais radical e crítica, a revolucionária, fundamentalmente anunciadora", (FREIRE, 1996, p. 88). Todavia, permanecer somente na crítica de maneira passiva de nada adianta. É preciso que os docentes busquem reinventar cotidianamente sua ação didática, a fim promover práticas que ensinem os benefícios da justiça social.

REFERÊNCIAS BIBLIOGRÁFICAS

BHABHA, H. **O local da cultura**. Belo Horizonte: Editora UFMG, 1998.

CHAIM JÚNIOR, C. I. **Cultura corporal juvenil da periferia paulistana:** subsídios para a construção de um currículo de Educação Física. 2007. 99 f. Dissertação (Mestrado em Educação) – Faculdade de Educação da Universidade de São Paulo, São Paulo, 2007.

CORAZZA, S. M. Planejamento de ensino como estratégia de política cultural. In: MOREIRA, A. F. B. **Currículo:** questões atuais. Campinas: Papirus, 1997.

_____. **Tema gerador:** concepções e práticas. Ijuí: Editora Unijuí, 2003.

DELEUZE, G. **Lógica do sentido**. São Paulo: Perspectiva: Edusp, 1974.

_____. GUATTARI, F. **Mil platôs:** capitalismo e esquizofrenia. Rio de Janeiro: Editora 34, 2000.

DERRIDA, J. **Posições**. Belo Horizonte: Autêntica, 2001.

FANON, F. **Pele negra, máscaras brancas**. Rio de Janeiro: Fator, 1983.

FOUCAULT, M. **Genealogía del racismo**. Buenos Aires: Altamira, 1993.

FRANÇOSO, S.; NEIRA, M. G. Contribuições do legado freireano para o currículo da Educação Física. **Revista Brasileira de Ciências do Esporte**, Florianópolis, v. 36, n. 2, p. 531-546, abr. jun. 2014.

FREIRE, P. **Conscientização:** teoria e prática da libertação – uma introdução ao pensamento de Paulo Freire. São Paulo: Moraes, 1980.

_____. **Pedagogia do oprimido**. Rio de Janeiro: Paz e Terra, 1983.

_____. **Pedagogia da autonomia**. São Paulo: Paz e Terra, 1996.

GIROUX, H. **Escola crítica e política cultural**. São Paulo: Autores Associados, 1987.

_____. Paulo Freire e a política de pós-colonialismo. In: MCLAREN, P.; LEONARD, P.; MOACIR, G. (Org.). **Paulo Freire:** poder, desejo e memórias da libertação. Porto Alegre: Artmed, 1998.

_____. **Teoria crítica e resistência em educação:** para além das teorias da reprodução. Tradução de Ângela Maria B. Biaggio. Petrópolis: Vozes, 1986.

_____. SIMON, R. Cultura popular e pedagogia crítica: a vida cotidiana como base para o conhecimento. In: MOREIRA, A. F. B.; SILVA, T. T. **Currículo, cultura e sociedade**. São Paulo: Cortez, 2005.

HALL, S. **Da diáspora:** identidades e mediações culturais. Belo Horizonte/Brasília: Editora UFMG: Representações da Unesco no Brasil, 2003.

LIMA, J. G. S. A.; GERMANO, J. W. O pós-colonialismo e a pedagogia de Paulo Freire. **Revista Inter-Legere**, v. 11, p. 198-227, jul./dez. 2012.

MOREIRA, A. F. B.; CANDAU, V. M. Educação escolar e cultura(s): construindo caminhos. **Revista Brasileira de Educação**, n. 23, p. 156-168, maio./jun./jul./ago. 2003.

MOREIRA, A. F. B.; MACEDO, E. F. Em defesa de uma orientação cultural na formação de professores. In: CANEN, A.; MOREIRA, A. F. B. (Org.). **Ênfases e omissões no currículo**. São Paulo: Papirus, 2001.

NEIRA, M. G. Etnografando a prática do skate: elementos para um currículo de Educação Física. **Revista Contemporânea de Educação**, Rio de Janeiro, v. 9, n. 17, p. 138-155, jul./dez. 2014.

_____. **A reflexão e a prática no ensino:** Educação Física. São Paulo: Blucher, 2011.

_____. **Pedagogia da cultura corporal:** crítica e alternativas. São Paulo: Phorte, 2006.

_____. **Educação Física, currículo e cultura**. São Paulo: Phorte, 2009.

_____. GALLARDO, J. S. P. Conhecimentos da cultura corporal de crianças não escolarizadas: a investigação como fundamento para o currículo. **Motriz** – Revista de Educação Física da UNESP, Rio Claro, v. 12, n. 01, p. 01-08, jan./abr., 2006.

SILVA, T. T. **Teoria cultural e educação:** um vocabulário crítico. Belo Horizonte: Autêntica, 2000.

_____. **O currículo como fetiche:** a política e a poética do texto curricular. Belo Horizonte: Autêntica, 2001.

_____. **Documentos de identidade:** uma introdução às teorias do currículo. Belo Horizonte: Autêntica, 2011.

SOUSA SANTOS, B. **A gramática do tempo:** para uma nova cultura política. São Paulo: Cortez, 2008.

9

A problematização no ensino da Educação Física

Ivan Luis dos Santos

Marcos Garcia Neira

"Ah! Professor, acho bom separar a gente das meninas, elas não sabem jogar futebol, não vai dar para jogar junto." "Eu não vou participar da capoeira porque a minha religião não permite." "Eles só ouvem *funk*, não querem saber de outras músicas. Bota um *funk* que todo mundo sai dançando." "Para ficar forte, precisa tomar bomba. Não adianta só ir à musculação." "Vou ficar sentado. Queimada é coisa de criança, melhor fazer outra coisa."

Qual professor de Educação Física não deparou com colocações semelhantes ao trabalhar com turmas do Ensino Médio? Esses e tantos outros pronunciamentos emitidos durante as aulas revelam algumas das representações em circulação a respeito das práticas corporais. Pensando dessa maneira, os estudantes estão simultaneamente julgando as meninas como inábeis, produzindo a capoeira como uma prática religiosa, homogeneizando as preferências musicais de um grupo, marcando os praticantes de musculação como consumidores de substâncias ilegais e restringindo a prática da queimada a determinada faixa etária. Acessadas dentro ou fora da escola, tais concepções precisam ser revistas de maneira a proporcionar outras formas de conceber as práticas corporais às quais se referem. Com isso, não se quer dizer que o professor deva explicar a verdade e simplesmente apagar as ideias dos alunos. O que se defende é que as representações socialmente disseminadas sobre brincadeiras, danças, lutas, ginásticas e esportes sejam problematizadas.

Problematizar implica adotar uma atitude filosófica que vê como problema aquilo que em geral é aceito com naturalidade, com tranquilidade. No âmbito da Educação Física culturalmente orientada, a problematização é a possibilidade de colocar em xeque pensamentos, gestos e atitudes aparentemente naturais e inevitáveis acessados pelo convívio social. Desse modo, abre-se espaço para que as representações atribuídas às práticas corporais sejam desconstruídas e, consequentemente, os mecanismos de dominação, regulação e resistência nelas incutidos sejam analisados, bem como os sentidos que recebem ou receberam em variados contextos. Ao problematizar as identidades e as diferenças que estão sendo representadas, as atividades de ensino transformam-se em espaços de aprendizagem imanente, nos quais os conceitos embutidos nos discursos pedagógicos e proposições normativas são constantemente desterritorializados.

As teorias educacionais não críticas, "ao aceitarem mais facilmente o *status quo*, os conhecimentos e os saberes dominantes, acabaram por se concentrar em questões técnicas" (SILVA, 2011, p. 16). Nessa vertente, a educação não possui nenhuma intenção de problematizar as representações que transitam na sociedade. Nas propostas convencionais, caso o conhecimento apresentado pelos alunos não combine com o conteúdo ensinado, deve ser substituído. Por outro lado, tudo o que a escola ensina deve ser aceito como verdade irretocável, pois não há razão para perguntar nem para investigar.

Paulo Freire é a principal referência da educação problematizadora. Propondo romper com os pressupostos de uma *educação bancária*, essencialmente marcada pela ênfase no "depósito" ou transmissão de conteúdo, ele recomenda uma ação pedagógica que parta da realidade concreta do educando com o objetivo de problematizar seu mundo por meio do diálogo. Assim, o "que se pretende com o diálogo é a problematização do próprio conhecimento em sua indiscutível relação com a realidade concreta na qual se gera e sobre a qual incide, para melhor compreendê-la, explicá-la e transformá-la" (FREIRE, 1983a, p. 52). Para esse autor, o diálogo vai além de uma postura pedagógica, torna-se uma exigência epistemológica, cuja rejeição implica um injustificável pessimismo em relação aos homens e à vida.

É verdade que a dialógica possui raízes bem mais profundas na história da educação. Para os filósofos gregos Sócrates e Platão, o diálogo era a investigação filosófica da verdade por meio de uma discussão, na qual cabia ao mestre levar seus discípulos a descobrirem o saber que trazem em si mesmos, mas que igno-

Capítulo 9 A problematização no ensino da Educação Física 169

ram até então (JAPIASSU; MARCONDES, 2008). Trata-se da maiêutica, método pelo qual o filósofo interroga o interlocutor para que ele desenvolva seu pensamento sobre uma questão que julga saber, conduzindo-o à contradição e ao reconhecimento de sua ignorância, tal como um "parteiro" que traz a verdade à luz. Por mais que Sócrates e Platão tenham proposto uma dinâmica dialógica para a gestação do conhecimento, ela não levou em conta a relação primordial homem-mundo como pressuposto básico a partir do qual o conhecimento, enquanto processo e produto, historicamente se realiza (GIOVEDI, 2006). Ademais, ambos recorriam ao diálogo como estratégia para facilitar o contato das pessoas com as verdades absolutas, compreendidas como metafísicas – incorpóreas e imutáveis.

A dialógica freiriana não pode ser confundida com os diálogos socráticos e platônicos, pois seus fundamentos têm bases distintas.

> *O intelectualismo socrático – que tomava a definição do conceito como o conhecimento da coisa definida e o conhecimento mesmo como virtude, não constituía uma verdadeira pedagogia do conhecimento, mesmo que fosse dialógica. [...] Para Platão, a 'prise de conscience' não se referia ao que os seres humanos soubessem ou não soubessem ou soubessem equivocadamente em torno de suas relações dialéticas com o mundo. Tinha que ver com o que os seres humanos um dia souberam e que se esqueceram ao nascer. Conhecer era, pois, relembrar ou recuperar um conhecimento olvidado. A apreensão da 'doxa' e do 'logos' e a superação daquela por este não se dava na compreensão dialética das relações seres humanos-mundo, mas no esforço de recordar um logo esquecido. [...] Para que o diálogo seja o selo do ato de um verdadeiro conhecimento é preciso que os sujeitos cognoscentes tentem aprender a realidade cientificamente no sentido de descobrir a razão de ser da mesma – o que faz ser como está sendo. Assim, conhecer não é relembrar algo previamente conhecido e agora esquecido. Nem a 'doxa' pode ser superada pelo 'logos' fora da prática consciente dos seres humanos sobre a realidade (FREIRE, 1976, p. 55).*

Embora admita beber de diferentes fontes filosóficas, Freire confere à fenomenologia uma significativa importância ao ato de conhecer. Inspirando-se, sobretudo, na fenomenologia existencial

Maiêutica: Na maiêutica socrática, por exemplo, o diálogo transcorre em torno de um tema abordado indagativamente pelo filósofo, como uma questão relevante para o destino da comunidade. Para cada indagação dotada de sentido político, uma hipótese é igualmente solicitada a algum participante da conversa. Nesse momento, o filósofo inicia um trabalho sistemático de refutação, mostrando a seu interlocutor as eventuais "falhas" (contradições, contraexemplos, particularismos etc.) de sua hipótese original. Assim, o diálogo desenvolve-se de modo a que se atinja uma hipótese mais consistente, mas de forma alguma definitiva, uma vez que essa mesma hipótese pode ser objeto de novas elaborações filosóficas.

Ato de conhecer: Vale a pena recordar que em Freire não é possível separar o ato de conhecer do processo de ensinar-aprender. Ainda que a fenomenologia não tenha sido a corrente filosófica exclusiva no constructo freiriano, ela possui um papel relevante na compreensão do fenômeno ensino-aprendizagem enquanto experiência total – política, ética, estética, pedagógica e gnosiológica.

Fenomenologia existencial: Conforme Giovedi (2006, p. 56), na fenomenologia existencial os objetos estão "molhados de subjetividade". Do mesmo jeito, pode-se »

170 Educação Física cultural

> » afirmar que os sujeitos estão mergulhados no mundo, "estão molhados de objetividade". Não há, portanto, sujeito, senão na interação com o objeto. Não há objeto, senão na interação com o sujeito. Por isso, o olhar do fenomenólogo volta-se para objetos não enquanto entidades afastadas que aguardam uma apreciação neutra, mas sim para os objetos enquanto fenômenos, ou seja, enquanto coisas do mundo para uma consciência.

Filosofia marxista: Freire utilizou reiteradamente conceitos advindos da filosofia marxista – tais como, ideologia, alienação, exploração econômica, dominação política –, principalmente para delinear sua leitura da realidade socioeconômica e política mais ampla em que se pratica a educação.

Relação dialética: Freire define a relação homem-mundo não em termos de determinismos, mas sim de dialética. Nessa perspectiva, o ser humano é o mundo ao mesmo tempo que é sua negação – na medida em que possui uma subjetividade. O mundo é o que o ser humano faz ao mesmo tempo que é uma realidade maior que nega a possibilidade de ser reduzido a uma subjetividade. Mundo-consciência, realidade-sujeito são unidades dialéticas nas quais os dois polos não podem nunca se reduzir um ao outro, sob pena de se ter uma compreensão distorcida da história humana.

e também na filosofia marxista, ele situa o diálogo como um princípio marcado pela politicidade e pela criticidade. Freire defende a ideia de que não há uma educação neutra, a educação é sempre política em favor de alguém ou de algum grupo.

> *Depois de Paulo Freire, ninguém mais pode ignorar que a educação é sempre um ato político. Aqueles que tentam argumentar em contrário, afirmando que o educador não pode fazer política, estão defendendo uma certa política, a política da despolitização. Pelo contrário, se a educação, notadamente a educação brasileira, sempre ignorou a política, a política nunca ignorou a educação. Não estamos politizando a educação. Ela sempre foi política. Ela sempre esteve a serviço das classes dominantes. Este é um princípio de que parte Paulo Freire (GADOTTI, 1979, p. 14).*

Freire é a favor de uma educação crítica, que combata as injustiças sociais, todas as formas de exploração e de dominação presentes na sociedade. Nesse sentido, a relação dialógica proposta consolida-se em uma práxis social transformadora. Buscando afastar-se de qualquer explicação determinista, que pode reduzir o ser humano a mero produto e objeto das circunstâncias materiais, e das explicações subjetivistas, que podem conduzir a um individualismo e a uma simplificação no que se refere à compreensão das relações que as pessoas mantêm com a realidade, Freire explica o homem como um ser da práxis. Mais precisamente, aponta que, ao tentar responder aos desafios do mundo, "o homem cria seu mundo: o mundo histórico-cultural". Por sua vez, "todo este mundo histórico-cultural, produto da práxis humana" (FREIRE, 1979, p. 46), atua na constituição do próprio homem, estabelecendo uma relação dialética.

Sob essa perspectiva, a ação educativa proposta por Freire vislumbra no diálogo a possibilidade de promoção do "encontro dos homens, mediatizados pelo mundo, para pronunciá-lo, não se esgotando na relação eu-tu" (1983b, p. 78). Além disso, a dimensão político-engajadora do diálogo freiriano tem um papel fundamental como instrumento de mobilização de pessoas para uma resistência contra todo e qualquer tipo de exploração, opressão, homogeneização e desrespeito pela dignidade humana. Desse modo, o diálogo não pode ser confundido com mera "conversa apaziguada", ou ficar restrito à exposição de ideias que não encaminhem para a transformação. Tal atitude não desvencilha os professores da forma de agir "bancária", que, segundo Freire,

constitui-se, justamente, por "dissertações quilométricas, erudi-
tas, cheia de citações" (1983a, p. 36).

*Em verdade, não querem [os professores bancários] correr
o risco da aventura dialógica e se refugiam em suas aulas
discursivas, retóricas, que funcionam como se fossem 'can-
ções de ninar'. Deleitando-se narcisisticamente com o eco de
suas palavras, adormecem a capacidade crítica do educando
(FREIRE, 1983a, p. 36).*

Freire refuta qualquer ação autoritária do educador, sem que
para isso negue a validade de momentos explicativos e narra-
tivos em que fala do objeto durante a aula. No entanto, aquele
que tem o que dizer deve saber que não é o único a ter o que
dizer nem que o que diz é necessariamente a verdade tão esperada por todos. Ao dizer, é importante que o professor assuma
o dever de desafiar quem escuta, para que este também possa
falar e responder.

*O diálogo significa uma tensão permanente entre a autori-
dade e a liberdade. Mas, nessa tensão, a autoridade continua
sendo, porque ela tem autoridade em permitir que surjam as
liberdades dos alunos, as quais crescem e amadurecem, precisamente porque a autoridade e a liberdade aprendem a auto-
disciplina. E tem mais: uma situação dialógica não quer dizer
que todos os que nela estejam envolvidos têm que falar! O diálogo não tem como meta ou exigência que todas as pessoas da
classe devam dizer alguma coisa, ainda que não tenham nada
a dizer (SHOR; FREIRE, 1986, p. 67).*

O diálogo é uma possibilidade de intercambiar conhecimentos sustentada na interação radical entre ação e reflexão,
de maneira a fomentar problematizações sobre o universo existencial concreto dos educandos. Problematizar significa exercer
uma análise crítica da realidade-problema. Em outras palavras,
é o desafio que o educador lança aos educandos para que estes
possam refletir sobre aspectos da realidade que não haviam sido
percebidos de maneira crítica, apesar de constituírem as situações
vividas. Dessa maneira, "o educador problematizador refaz, constantemente, seu ato cognoscente na cognoscibilidade dos educandos. Estes, em lugar de serem recipientes dóceis de depósitos,
são agora investigadores críticos, em diálogo com o educador,
investigador crítico, também" (FREIRE, 1983b, p. 80).

Quanto mais se problematiza, mais os educandos, enquanto seres no mundo e com o mundo, sentem-se desafiados a captar os problemas em suas conexões com os outros. Na prática problematizadora, "os educandos desenvolvem o seu poder de captação e de compreensão do mundo, em suas relações com ele, não mais como uma realidade estática, mas como uma realidade em transformação, em processo" (FREIRE, 1983b, p. 82).

A capacidade de enfrentar o mundo, estando nele situado, é o que promove a continuidade histórica, alterando incessantemente os valores, as ideias, as dúvidas, os desafios com os quais as pessoas se deparam em cada momento de sua existência.

Muitas vezes os educadores que possuem uma visão crítica do mundo lidam com a realidade concreta enquanto algo eminentemente objetivo, material apenas, não considerando que essa realidade a que ele se refere pode possuir sentidos diferentes, na medida em que pessoas diferentes a ela se referem. Desconsiderando essa dimensão de subjetividade, a educação e o currículo implicados numa perspectiva exclusivamente materialista, objetivista, estarão sujeitos também à arbitrariedade do professor, que, por pretensamente dominar como funciona a realidade concreta, acredita que pode trazê-la à sua maneira para o contexto da sala de aula (GIOVEDI, 2006, p. 90).

Não à toa, a prática educativa freiriana parte do reconhecimento dos diferentes modos de se conceber o mundo, isto é, do universo existencial concreto dos educandos, buscando problematizar criticamente os significados que atribuem a seu mundo. É no exercício da argumentação dos sujeitos que participam desse processo dialético-problematizador que se reconhecem as distintas significações. Mais especificamente, professores e alunos, ao problematizar as representações em circulação, fomentam análises cada vez mais profundas e acessam outros saberes, possibilitando a construção de sínteses coletivas. É impossível construir um saber novo caso a situação didática não proporcione a reflexão crítica sobre aspectos do mundo que realmente interessam aos sujeitos. Em virtude de tudo isso, Freire afirma que não há educador que não viva em seu ato de ensinar uma experiência de educando e, ao mesmo tempo, não há educando que não viva a experiência de educador. Ambos, engajados em uma ação problematizadora, trocam constantemente de papéis ao se lançar no desafio de compreender cada vez mais o mundo a partir das diferentes percepções que têm sobre os fenômenos.

> **Construção de sínteses coletivas:** É no coletivo que o diálogo se realiza, pois, segundo Freire, o ato de conhecer nunca é individual, isto é, "ninguém educa ninguém, ninguém educa a si mesmo, os homens se educam entre si, mediatizados pelo mundo" (1983b, p. 79). Dessa maneira, a relação do conhecimento é sempre prolongada a outro sujeito, tornando-se uma relação sujeito-objeto-sujeito.

É um grande equívoco pensar que Freire esteja propondo uma indiferenciação das atribuições entre professor e aluno. No instante em que o educador problematiza a realidade concreta, os alunos explicam-na conforme a situação existencial que vivenciam cotidianamente. Diante de explicações desestruturadas, cabe ao professor organizar, sistematizar, articular e relacionar seus elementos, de modo a que todos os fragmentos de compreensão subjetiva da realidade concreta possam conectar-se, ganhando um caráter de totalidade.

> *A questão fundamental, neste caso, está em que, faltando aos homens uma compreensão crítica da totalidade em que estão, captando-a em pedaços nos quais não reconhecem a interação constituinte da mesma totalidade, não podem conhecê-la. E não o podem porque, para conhecê-la, seria necessário partir do ponto inverso. Isto é, lhes seria indispensável ter antes a visão totalizada do contexto para, em seguida, separarem ou isolarem os elementos ou as parcialidades do contexto. Através dessa cisão, voltariam com mais claridade à totalidade analisada. Este é um esforço que cabe realizar na educação problematizadora que defendemos. O esforço de propor aos indivíduos dimensões significativas de sua realidade, cuja análise crítica lhes possibilite reconhecer a interação de suas partes. Desta maneira, as dimensões significativas que, por sua vez, estão constituídas de partes em interação, ao serem analisadas, devem ser percebidas pelos indivíduos como dimensões da totalidade (FREIRE, 1983b, p. 113).*

Quando problematizam dialogicamente os significados atribuídos às coisas do mundo, os sujeitos se dão conta de que a situação em que se encontram é historicamente construída e que a práxis transformadora do homem é a fonte das condições de existência que estão postas. No âmbito da Educação Física, trata-se de um compromisso histórico baseado na formação de pessoas que saibam defender-se das armadilhas ideológicas que cercam os discursos sobre as práticas corporais. A problematização demanda a organização de atividades pedagógicas que proporcionem uma reflexão crítica sobre a realidade.

> *As aulas, portanto, não podem restringir-se à execução mecânica dos movimentos. A práxis da Educação Física exige a vivência das manifestações corporais, o debate e o estudo dos diferentes aspectos que as cercam e a proposição*

> *de novas vivências, sempre tematizadas e modificadas de acordo com as reflexões do grupo (FRANÇOSO; NEIRA, 2014, p. 534).*

Em síntese, a proposta educativa de Freire enfatiza o sujeito da práxis. Isso implica dizer que a ação de problematizar acontece a partir da realidade que o cerca; a busca de explicação e solução visa transformar aquela realidade pela ação do próprio sujeito, isto é, por meio da práxis. O sujeito, por sua vez, também se transforma na ação de problematizar e passa a detectar novos problemas em sua realidade, e assim sucessivamente.

A Educação Física cultural inspira-se na educação problematizadora de Freire quando desconfia das certezas epistemológicas dos conhecimentos anunciados pelo discurso científico, bem como da possibilidade de se criar uma consciência coerente e centrada no sujeito. Por essa razão, incorpora novos elementos para sua teorização, reelaborando a problematização freiriana com a abertura de espaços para as diferenças vividas.

Submetida ao crivo da análise pós-estruturalista, a problematização passa a ser concebida como um processo de negociação de sentidos, pelo qual a condição hierárquica privilegiada inicial com que o sujeito atribui significado a um signo pode ser substituída, pelo o diálogo, por outra. Na pedagogia cultural, o diálogo enquanto processo dialético-problematizador proposto por Freire é radicalizado pelo *jogo da diferença.*

É importante ter em mente que o pós-estruturalismo contesta a autonomia do sujeito. Valendo-se da teorização derridiana, a linguagem é a expressão imediata do "eu", da subjetividade e, consequentemente, da consciência. A identidade e a diferença são produções discursivas permeadas por relações de poder que não podem ser compreendidas fora do sistema de significação em que são representadas. Nesses termos, a problematização busca uma radicalização do fenômeno da linguagem por meio da desconstrução.

O conceito de desconstrução é empregado por Derrida (1999) para caracterizar o modo pelo qual um texto pode ser lido e explicitado em suas contradições e irredutibilidades. Pretende minar e inverter todas as correntes hierárquicas sustentadoras do pensamento ocidental, tais como dentro/fora; corpo/mente; fala/escrita; presença/ausência; natureza/cultura; forma/sentido. Derrida pontua que operar essa inversão significa decompor os discursos que sustentam os atributos designados aos pares binários, revelando, dessa forma, seus pressupostos, ambiguidades e contradições. A desconstrução atua no interior dos discursos sustentadores do pensamento metafísico ocidental, com a intenção de desestabilizá-los e, por consequência, ampliar seus limites ou limiares.

Ao interrogar incansavelmente os discursos que pretende decompor, a desconstrução abandona a tradição histórica e filosófica ocidental da busca por uma origem e uma presença, que seriam capazes de explicitar o fundamento de algo ou seu sentido primordial. Trata-se do esforço de permanecer em um jogo em que nenhum dos polos do binarismo é valorizado em detrimento do outro; é uma tentativa de remeter-se a ambos sempre: "nem um... nem outro...", "ao mesmo tempo...", "por um lado... por outro...".

De acordo com Derrida e Roudinesco (2004), o binarismo acompanha a rede de poder que predomina nas sociedades ocidentais e a reforça por meio da linguagem que atribui sentidos e valores às pessoas e aos objetos que compõem a realidade. A elaboração dos pares de opostos cria efeitos de verdade que, consequentemente, estabelecem hierarquias. No caso da Educação Física, por exemplo, não são raros os discursos que polarizam as práticas corporais em masculinas e femininas, infantis e adultas etc. Uma vez postos em circulação por meio de dispositivos linguísticos, marcam quem pertence e quem não pertence a determinado grupo, quem é a identidade e quem é a diferença.

Com a intenção de problematizar os binarismos, explicitar e criticar a estrutura hierárquica, Derrida (2001) analisa não somente o significado como elemento que carrega uma dimensão transcendental do signo como também desconsidera o signo como portador de uma pretensa "unidade natural". O autor questiona no signo a compreensão de que o significado se vincula de forma linear e direta ao significante, explicitando que os significantes só são compreensíveis a partir de uma cadeia que os une e estabiliza em um jogo de referências, em que um significante depende de seu anterior e de seu posterior, em uma sucessão infinita de remessas.

Em uma partida de voleibol, por exemplo, os participantes empregam uma série de gestos que podem ser lidos de várias maneiras. Os significados que lhes são atribuídos (toque, manchete, cortada etc.) não são fixos, dependem dos sujeitos envolvidos e, principalmente, do contexto em que a prática acontece.

De certo, as leituras são distintas caso se trate de um jogo de campeonato do qual participam atletas ou de um jogo entre amigos na hora do intervalo entre as aulas. Determinado gesto talvez possa ser lido como toque em uma situação e, na outra, seja visto como condução. O significante toque só tem sentido no interior de uma cadeia que abarca o jogo, seu contexto, os participantes etc.

A desconstrução busca uma reinterpretação sem fim, indefinida, sem a intenção de chegar a uma significação definitiva. Um texto pode apresentar múltiplos significados, não havendo um sentido único e último. Nos textos, quaisquer que sejam, há uma *indecibilidade*, em outras palavras, sempre permanece uma indecisão. Consequentemente, a desconstrução fracassa caso tente buscar um sentido único e verdadeiro.

Retomando as práticas corporais mencionadas no início do capítulo, o que é futebol, capoeira, *funk*, musculação ou queimada para os diferentes grupos sociais que delas participam? Eles as produzem da mesma forma, buscam objetivos semelhantes? A Educação Física, em sua vertente cultural, é o componente que, na escola, responsabiliza-se por estudo, análise, interpretação e produção das práticas corporais e, ao fazê-lo, permite que os diferentes grupos sociais veiculem seus significados. Brincar, lutar, praticar esportes, fazer ginástica e dançar configuram textos da linguagem corporal; são práticas de significação que trazem consigo "rastros", significados que vão sendo somados, acrescidos, abandonados, alterados, dissimulados e que remetem a outros significados.

> *Para Derrida, o significado é uma abstração inalcançável. Vive-se em contato apenas com significantes que são mobilizados na perseguição dos significados dos signos. [...] Derrida indica a existência de uma ideia, uma promessa da presença do signo na coisa a qual ele representa; no entanto, essa presença é sempre adiada, diferida. Por conta disso, o signo não carrega apenas a marca daquilo que ele substitui. Para a sua determinação, o signo traz junto aquilo que ele não é, traz o que o diferencia. Significa que o signo não é apenas ele mesmo, a identidade. Ou seja, a identidade carrega consigo a diferença (NEIRA; NUNES, 2009, p. 180).*

Na desconstrução derridiana, todo processo de significação é um jogo formal de diferenças. Busca-se repensar a pluralidade humana enquanto possibilidade e devir, sem a necessidade do recurso à "substância fundante" como origem ou causa primeira do texto. A desconstrução não "destrói" o texto, alvo de sua reflexão, mas questiona o significado conferido, sendo uma "atividade infindável que visa desmascarar passo a passo a construção dessa malha de significados" (RAJAGOPALAN, 1992, p. 27). Trata-se de problematizar os cânones e encarar a multiplicidade dos textos abertos à leitura e à diferença.

Na perspectiva de problematização da diferença, cabe-nos explorar uma variedade de textos onde possamos encontrar-nos com diferentes tradições; culturas; atos linguísticos; categorizações; sistemas classificatórios; narrativas e imagens, examinando-os não como textos exóticos ou como um caleidoscópio de diversos sistemas de crenças ou tradições, mas para expô-los em suas sutis e evidentes operações constitutivas de identidades e diferenças, para mostrar que as diferenças possuem uma história, em muito, construída com base nos diferentes materiais curriculares com que operamos (SILVA, 2010, p. 72).

Na proposta cultural da Educação Física, a problematização dos significados socialmente atribuídos às práticas corporais e aos seus sujeitos segue os rastros da concepção derridiana. Os textos da cultura corporal podem ser compreendidos como efeito da diferença, como movimento de significação. Desse ponto de vista, a pedagogia transmuta-se em uma política cultural, questionando os sistemas classificatórios que organizam e ordenam as brincadeiras, as lutas, os esportes, as ginásticas e as danças sob determinada lógica de poder.

A problematização do acontecimento por meio da diferença busca suspender os sistemas com que as práticas corporais operam nas diferentes épocas e contextos, bem como as discursividades que convergem para reduções identitárias e binárias do tipo "isto é o certo", "aquilo não o é". Aqui, propõe-se extravasar os limites estabelecidos por esses polos, abrindo espaços para três, quatro ou quantas mais possibilidades couberem. Defende-se uma ação pedagógica que amplie o modo de imaginar o mundo na contingência. Busca-se "potência" para alargar as fronteiras em direções multiformes e penetrar nas mais distintas superfícies.

A concepção derridiana de problematização a partir da diferença favorece a inclusão de todos os significados, de todas as vozes, de todas as culturas. Fertiliza o terreno para o surgimento de múltiplas linguagens e leituras da realidade. Abarcando variadas formas de produzir e representar as práticas corporais, a Educação Física cultural cria condições para a permeabilidade, o contato e o diálogo entre as diferentes culturas. Além disso, interessa saber como foram construídos, mediados, aceitos ou recusados os significados conferidos às manifestações da cultura corporal presentes na sociedade.

O primeiro passo a ser dado é cessar o privilégio concedido aos produtos culturais euro-estadunidenses nas aulas de Educação Física. Não é mais possível continuar oferecendo aos estudantes uma visão parcial da realidade, geralmente divulgada pelos grupos hegemônicos e consagrada pela ciência positivista. Os objetivos pretendidos não podem reduzir-se ao ensino de técnicas, padrões de movimento ou atividades descontextualizadas dos problemas que atingem a sociedade.

Na perspectiva cultural do componente, todas as práticas corporais devem ser tratadas com a mesma dignidade, tanto as provenientes dos grupos mais bem posicionados na teia social como aquelas dos grupos minoritários. É uma proposta que coloca em patamares equivalentes os saberes legitimados pela ciência e os saberes do senso comum, que não aceita de forma alguma um único modo de enxergar as coisas. Por essa razão, mantém olhos abertos e ouvidos atentos aos discursos produzidos pelos diferentes meios de comunicação. Ora, todos estão ortodoxamente seguros e crentes do poder da atividade física na manutenção da saúde? Conformam-se passivamente com as teorias do desenvolvimento motor, aplicam a fórmula para medir o índice de massa corporal ou as receitas milagrosas de emagrecimento amplamente divulgadas? Aceitam calados os modos corretos de correr, nadar, jogar e alongar-se?

A partir dos efeitos político e pedagógico da problematização aqui defendida, reafirma-se a desesperança na construção de uma sociedade mais democrática e menos desigual por meio das propostas convencionais, nas quais muitos grupos que frequentam a escola não se sentem representados. Como o legado freiriano deixou uma pedagogia aberta ao diálogo cultural, não faz sentido aceitar qualquer conhecimento sem debate nem crítica.

Françoso e Neira (2014) sugerem que Freire ficaria feliz ao se deparar com uma proposta de Educação Física que, comprometida com a função social da escola, respeita e valoriza os saberes e as experiências dos estudantes, direcionando seus esforços na desconstrução das narrativas dominantes que justificam as formas de discriminação social existentes. Apenas uma pedagogia culturalmente orientada pode manter acesa a chama da esperança por um mundo melhor e mais justo, tão sonhado e almejado por esse grande educador.

REFERÊNCIAS BIBLIOGRÁFICAS

DERRIDA, J. **Gramatologia**. São Paulo: Perspectiva, 1999.

_____. **Posições**. Belo Horizonte: Autêntica, 2001.

_____. ROUDINESCO, E. **De que amanhã**... diálogo. Rio de Janeiro: Zahar, 2004.

FRANÇOSO, S.; NEIRA, M. G. Contribuições do legado freireano para o currículo da Educação Física. **Revista Brasileira de Ciências do Esporte**, Florianópolis, v. 36, n. 2, p. 531-546, abr./jun. 2014.

FREIRE, P. **Ação cultural para a liberdade e outros escritos**. Rio de Janeiro: Paz e Terra, 1976.

_____. **Educação e mudança**. Rio de Janeiro: Paz e Terra, 1979.

_____. **Extensão ou comunicação**. Rio de Janeiro: Paz e Terra, 1983a.

_____. **Pedagogia do oprimido**. Rio de Janeiro: Paz e Terra, 1983b.

GADOTTI, M. Prefácio. In: FREIRE, P. **Educação e mudança**. Rio de Janeiro: Paz e Terra, 1979.

GIOVEDI, V. M. **A inspiração fenomenológica na concepção de ensino-aprendizagem de Paulo Freire**. 2006. 129 f. Dissertação (Mestrado em Educação) – Pontifícia Universidade Católica de São Paulo, São Paulo, 2006.

JAPIASSU, H.; MARCONDES, D. **Dicionário básico de filosofia**. Rio de Janeiro: Jorge Zahar, 2008.

NEIRA, M. G.; NUNES, M. L. F. **Educação Física, currículo e cultura**. São Paulo: Phorte, 2009.

RAJAGOPALAN, K. A trama do signo: Derrida e a destruição de um projeto saussuriano. In: ARROJO, R. (Org.). **O signo desconstruído**: implicações para a tradução, a leitura e o ensino. Campinas: Pontes, 1992.

SILVA, J. M. M. O currículo sob a cunha da diferença. In: GONÇALVES, J. F. G.; RIBEIRO, J. O. S.; CORDEIRO, S. M. S. (Org.). **Pesquisa em educação:** territórios múltiplos, saberes provisórios. Belém: Açaí, 2010.

SILVA, T. T. **Documentos de identidade:** uma introdução às teorias do currículo. Belo Horizonte: Autêntica, 2011.

SHOR, I; FREIRE, P. **Medo e ousadia:** o cotidiano do professor. Rio de Janeiro: Paz e Terra, 1986.